AF296990

Université de France.

ACADÉMIE DE STRASBOURG.

ACTE PUBLIC
POUR LE DOCTORAT,

PRÉSENTÉ

A LA FACULTÉ DE DROIT DE STRASBOURG,

ET SOUTENU PUBLIQUEMENT

Le samedi 16 août 1845, à midi,

PAR

M. A. E. FRIGNET,

AVOCAT,

D'AUTRY (ARDENNES).

—————

STRASBOURG,
IMPRIMERIE DE G. SILBERMANN, PLACE SAINT-THOMAS, 3.
1845.

A LA MÉMOIRE DE MA MÈRE.

A MON PÈRE.

A MA TANTE, MLLE Z. LE GOIX.

Témoignage d'affection et de reconnaissance.

M. A. E. FRIGNET.

FACULTÉ DE DROIT DE STRASBOURG.

PROFESSEURS.

MM. RAUTER . . . . Doyen. Procédure civile et législation
criminelle.

BLŒCHEL. . . . . Code civil français.

HEPP . . . . Droit de gens.

AUBRY. . . . . Code civil français.

THIERIET. . . . . Droit commercial.

HEIMBURGER . . . . Droit romain.

SCHÜTZENBERGER . . . . Droit administratif.

RAU . . . . Code civil français.

PROFESSEURS SUPPLÉANTS.

MM. ESCHBACH, professeur suppléant.
LAFON, professeur suppléant provisoire.

M. POTHIER, secrétaire, agent comptable.

EXAMINATEURS DE L'ACTE.

MM. HEPP président de l'acte.
HEIMBURGER.
THIERIET.
AUBRY.
LAFON.

JUS ROMANUM.

CAPUT PRIMUM.

PARS PRIMA.

LOCATIONIS DEFINITIO.

Rectè definiri solet locatio-conductio, de qua sumus dicturi, contractus quidam nominatus, qui bona fide, nec non ipso jure gentium nixus [1], non verbis, perficitur [2], sed consensu; versaturque in eò præsertim ut pro re utenda vel præstanda certa pecunia mercesve detur.

Eam autem quam vocamus locationem-conductionem arctissimâ cognatione cum emptione venditione teneri omnes consentiunt [3]. Utraque enim iisdem constituitur principiis; iisdemque, ut ita dicam, juris axiomatibus utitur. Ideò, quemadmodum prior contrahitur dummodo de certe pretio solvendo convenerit; ita et posterior contracta intelligitur, ex quo merces quædam constituta sit.

[1] Nam ex quo cœpimus possessiones proprias et res habere, et locandi jus nacti sumus et conducendi res alienas, is qui conduxit jure gentium tenetur ad mercedem ex conducto solvendam. Ulp. fragm.

[2] L. 1. D. loc. cond. (XIX, 2).

[3] L. 2. D. ht. — Inst. præ. Liv. III, t. XXV, loc. cond.

Præterea in conficiendis ambobus, neque scriptura neque alia solemnitate opus est.

Diverso sensu locationis nomen accipimus, prout res propriè vel impropriè significatur. Priore verbi circumscriptione eam notamus concessionem, quâ, cujusdam rei usus aut hominis opera pro certa mercede conceditur. Posteriore autem, seu generaliori amplexu, veteres non locationem tantùm sed et contractum libellarium, consensualem et superficiarum comprehendebant.

Locatio-conductio, haud secus ac emptio-venditio tribus absolvitur quæ a lege etiam requiruntur.

1° Consensû.

2° Re utenda vel facienda.

3° Certa pecunia solvenda.

De hisce separatim dicendum, quæ omnia ad existentiam et validitatem contractûs amarè exiguntur.

PARS SECUNDA.

QUANTUM AB ALIIS CONTRACTIBUS CONSENSUALIBUS DISCREPAT LOCATIO CONDUCTIO.

Priusquam tria hæc consideremus, quâ ratione singula se habeant, quasve partes agant in locatione conductione, ex quibus juris regulis teneantur, nobis consentaneum videtur ipsam locationem a quovis alio consensuali contractu, qui aliquam ejus similitudinem præ se ferret, sedulo secernere.

A. SIMILITUDINES.

1. *Cum emptione venditione.* Emptioni venditioni proxima est locatio [1]. Utraque enim a jure gentium consecratur [2]. Utramque consensus, res et pretium constituunt. « Neque scriptura neque præsentia omni-

[1] L. 1. D. ht.

[2] L. 1, § 2. D. de empt. vend (XVIII, 1).

« modò opus est, ac nec dari quidquam necesse est, ut substantiam
« capiat obligatio. Undè inter absentes contractus perficiuntur, veluti
« per epistolam vel per nuntium[1]. » Pecunia plerùmque numerata
abscissè in ambabus requiritur[2]; pretium, in emptione, mercedem
vel pensionem in locatione vocant.

De rebus corporalibus vel incorporalibus quæ in commercio traditæ
fuere bini contractus operantur[3]. Priore haud secùs ac posteriore,
venditor et locator ad rem tradendam placidèque fruendam obligan-
tur.

Sequuntur tamen quæ in ambabus penitùs differunt.

B. DISCRIMINA.

1. *Emptio venditio.* Emptione nimirùm transmittitur dominium, id
est *jus in re*, eaque utendi vel abutendi; ex quo rei vendicatio, actio-
nesque directæ emptori competunt. Locatione verò, jus *ad rem* tantummodo acquirit conductor; actiones proindè jurisque remedia, quæ
ex justa possessione nascuntur, consequitur; e. g. interdicta, actiones
utiles, de quibus infrà latiùs explicabitur.

Quum igitur emptio dominium, locatio contrà possessionem utilem
et veluti usumfructum, dato certo canone, pariat, consequitur ut
nonnullis locare liceat, quibus vendendi facultas non permittitur.

Alia rursùs dissimilitudo è tempore oritur, quæ maximi momenti
est, quandoquidem emptio possessionem cum proprietate in perpetuum transmittit, dùm contra per locationem conductionem res
utenda tantummodo ad tempus conceditur.

2. *Mutuum et commodatum.* Feliciùs a cæteris unilateralibus contractibus distinguitur locatio, quippè quæ certam mercedem istis alienam

---

[1] Inst. L. 1 de obl. quæ ex cons. nasc. Liv. III, t. XXII (XXIII).

[2] L. 5, § 2. D. de præs. verbis. (XIX, 4). — L. 16, § 9. D. de pign. et hypoth.

[3] L. 6, 62, 70, 80. De cont. empt. (XVIII, 1). — L. 7. De loc. cond.—L. 12,
D. de usuf. (VII, 1).

stipulatur. In mutuo et commodato, usum rei præstatur reverà, sed negotia sunt gratuita, et si honorarium admittunt; tamen mercedem respuunt.

3. *Societatas.* Quantùm autem locatio et societas ergà coloniam partiariam, inter se congruant vel dissentiant, lucidè difficiliùs exprimitur. Quod si, juris peritorum fidei credere velis, nonnulli colonum partiarium propriè conductorem, cœteri potiùs socium esse arbitrantur. Nobis autem minimè videtur coloniam partiariam societatem repræsentare. Socii enim quasi fratres sunt, qui prosperà vel adversà flante fortunâ, lucri simul et detrimenti participes esse debent. Locator verò, in colonia partiaria, certam incerti canonis partem amittere potest (*lucrum cessans*), sed ipsi nunquàm ex eâ damnum emergere. Præterea è societatis constitutione consequitur, contractum, socii unius morte, necessariò rumpi. At colonia nunquam locatoris morte delebitur. Adde quod contractui socium novum non nisi sociorum consensû adhærere licet. Locator autem prædium sponte sua vendere, donare, cedere potest. Sed quid plura, cum ex Gaii commentariis coloniam locationis genus esse pateat[1].

4. *Emphiteusis.* Similitudinem verò majorem cum emphyteusi offert locatio. Emphyteusis est contractus consensualis de prædii dominio utili pro certo canone annuo in dominii agnitionem concedendo[2]. Locatione verò de usu rei, non autem de dominio utili contrahimus ex quo sane multas magni momenti consequentias gignere videtur. Non enim conductori prædii vel ædium actiones competunt quæ dominio utili nascuntur[3]. In prædio, non conductori, inquilino vel colono licet mutationes operare quæ ex jure emphyteuseos permittuntur emphyteutæ. Emphyteusin denique cum reliquis bonis in hereditate sua ad heredes emphyteuta transmittit, modò dominus translationi con-

[1] Gaius. Comm. 3, n° 145.
[2] Inst. § 3. lit. — L. 1. C. de jur. emphyt.
[3] Nempè in rem publiciana actio.

senserit. Peracta autem[1] denuntiatione, dominus novum emphyteutam recipere, hic verò domino laudemium seu quinquagesimam rei vel ejus æstimationis partem solvere tenetur. Jurè hùc referri potest alia consequentia quæ de dominio utili emphyteutæ tradito derivatur. Conductor nempè rem fruendam colendamque ad tempus lege-vel contractu delimitatum accepit; ad tempus vero non modicum conceditur emphyteusis et hinc jurium diversitas utrique competentium.

5. *Superficies*. Nunc pergimus ad alium naturæ indolisque incertæ contractum, superficiem putà. Utrum emptioni venditioni propiùs quam locationi adhæreat diù et strenuè certaverunt. Locationi non immeritò comparatur superficies, quæ definiri solet quidquid solo cohœret, sive id ædes sint, sive res ex alio genere[2]. Est igitur contractus bonæ fidei, consensualis, quo de rebus immobilibus tantum tractatur.

Superficiarii jus in rem consistit eo quod aliquid ædificatum vel insitum, vel alio modo impositum in solo habet[3]. Neque ad eum pertinet[4] superficiei proprietas at solùm ususfructus, pro cujus mercede annuum solarium vel pensionem[5] solvit, quæ tamen non amarè exigitur, cùm, incolumi contractu, abesse possit[6].

Intulerunt è prædictis oportere ad existentiam contractûs fundum a superficie distrahi, et illam pro tempore non modico conducendam tradi. «Videndum est, docet Cujacius (in l. 74, D. de rei vindic.), an

---

[1] L. 3. C. de jure emphyt.

[2] L. 1. D. de superf. (XLIII, 18).

[3] L. 73-74. D. de rei vindicatione. — L. 3, § 7. D. uti possidetis (XLIII, 17).

[4] L. 1, § 3-5. D. de superf. — L. 86. D. de leg.

[5] «Contractus superficiarius, scripsit Menochius, est cùm quis *vendit* vel *donat* « vel *locat* superficiem fundi, vel domum retenta proprietate. Bartolus docet non « semper necesse fore quod pro superficie annua pecunia præstetur, ut quando cons- « tituitur emptione, legato vel donatione. » — (Menoch. de acquirendâ vel retinendâ poss. Remed. 4, n° 5).

[6] L. 15. D. qui pot. in pign. (XX, 4). — L. 2, § 17. D. ne quid in loco publ. (XLIII, 8).

« conduxerit in tempus non modicum, nam qui conduxit in tempus
« modicum, is, pro nudo conductore habetur non pro superficiario. »

———

CAPUT SECUNDUM.

PARS PRIMA.

DE LOCATIONIS ET CONDUCTIONIS FORMA ET INDOLE.

Hactenus locationis conductionis naturam, variosque modos defi-
nire, et ipsam a cœteris consensualibus contractibus sejungere propo-
situm habuimus. Nunc quam formam induunt eodem in jure romano
et quibus axiomatibus innitantur considerandum.

1. *Quoad consensum.*

Distinguitur locatio in expressam vel tacitam, prout expresso, vel
tacito perficitur consensu. Nec verbis neque scripturâ ad perficiendam
locationem opus esse demonstravimus, nisi ipsis contrahentibus pla-
cuerit in scripturam redigere leges contractus[1]. Quin autem locatio conductio ab initio tacitè possit contrahi nemo dubitat[2]. Verum enimvero
licet Bachovius locationem non nisi expressè contrahi posse asserat[3],
ob eam, quam reddit, rationem quia locatio verus et consensualis est
contractus : a lege vero 13, § 5 ult. D. ht. sancitum fuit, silentio utriusque partis, colonum reconduxisse videri : quod non solum de relocatione et reconductione, sed etiam de novo contractu intelligendum
est.

---

[1] Tit. de obl. q. ex consensu. Inst. L. III, t. 22 (23). — L. 1, 2, 14. D. ht. L. 32.
C. eod.

[2] Veluti, si quis ædes, sciente et patiente domino inhabitaverit, et certam mercedem domino solverit.

[3] Bachov ad. Treutl. Disp. 29. th. 1. lit. c.

2. *Quoad rem.*

Quod ad secundam contractus partem spectat, rem fruendam scilicet, locatio in facti et rerum dividitur. Res corporales hæc potiùs com-
plectitur; idcircò sæpè numerò locatio utendi fruendi vocatur. Facti
autem locatio, operas vel opus comprehendit. Operæ locantur, quando
quis laborem diei, mensis vel anni pro certâ mercede locatori præs-
tat. In ea locatione id singulare est quod ille qui mercedem accipit,
dicitur *conductor, redemptor,* quùm simul *locator* operarum sit, is
verò qui mercedem dat, *locator* operæ, quùm tamen *conductor* operarum sit. Operis locationem fieri intelligimus quando quis materiam
opifici tradit laborandam et transformandam. In his verò casibus, veluti si cum artifice conveneris illum annulum tibi auro tuo cœlaturum
esse, quæritur utrum emptio venditio sit an locatio conductio[1].

Rerum locatio iterùm quoad naturam fundi conducti, dividitur,
quatenùs in dominio civium vel civitatum inglomeratur, et ob hanc
diversam originem diversas quoque regulas accipit. Agri qui à civitati-
bus municipiisve possidebantur, fundos publicos constituebant; pu-
blicani ideò vocabantur qui à publicis fruebantur, nam inde nomen ha-
bebant, sive fisco vectigal pendebant, sive tributum consequebantur[2].

3. *Quoad pretium.*

Quibus verò conditionibus vulgò publica locentur infrà videbimus.
Hactenùs de divisionibus quæ ad consensum locationisve objectum
spectant; at merces quoque et variæ stipulationes, varias locationis
species gignunt.

Non enim abscissè requiritur ut merces semper nummis consistat;
quippè cùm stipulari possit certa fructuum portio quam *partem quotam*

[1] Gaius. comm. III, 143. — Inst. L. III, § 4, ht.
[2] L. 1. D. de publicanis. (XXXIX, 4).

vocant, a conductore solvendam [1]. Quo facto *partiarius colonus* dicitur conductor, qui quodam modo etiam societatis jure locatori tenetur [2].

Locatio partitur in *primam* vel *principalem* et in *secundam* seu *substitutam* quam *sublocationem* quoque nominant. Illa primo conductori usum rei, vel hominis operam pro certâ mercede concedit; per hanc primus conductor alium ipse in suum locum substituit qui utilitatem ex re percipiat perindè ac si prior conduxisset.

Fieri nonnunquàm potest locatio conductio vel *purè*, idest sine legis transgressione, vel *sub conditionibus* nonnullis quæ non lege præscriptæ, ad pretium, vel tempus vel usum rei spectant.

Deniquè locatio tùm *regularis* habetur; cum consuetam et propriam naturam id est essentialia et naturalia hujus modi contractus servatum contra *irregularis*, cum notissimos sui ipsius terminos excedit, veluti locatio rerum fungibilium quas conductor consumere et in genere restituere debet.

PARS SECUNDA.

QUI LOCARE VEL CONDUCERE POSSUNT.

Tritissimo juris axiomate docemur locationem conductionem solo consensu perfici [3]. Inde facilè patet, illi à contractu interdici qui consentire non possunt. Quin a lege prohibentur etiam nonnulli, qui, etsi consentire valent, tamen locandi conducendive potestatem non habent. Alii *absolutè* prohibentur, quidam verò *secundum quid*. Sed priusquam personas à lege prohibitas recenseamus, nonnulla nobis de variis locatorum et conductorum generibus, et de eorum nominibus notanda sunt.

---

[1] L. 21. C. de loc. cond. Cujas, in Cod. de loc. Godofredus in leg. 21. C. de loc. — Contrâ Vinnius. Inst., § 2, n° 2.

[2] Vide supra.

[3] Arg. præ. et § 1. Inst., t. XXII (XXIII). Liv. III. Gaius, comm. III, 136. — L. 2, § 1, 2, 3. D. de obl. et act. (XLIV, 2, 7).

Personæ quæ in isto contractu interveniunt, sunt : 1° Locator, 2° conductor, qui dicitur quoque Pensionnarius, Colonus, Inquilinus, Redemptor, etc. In codicibus autem hæc vocabula συνομώνυμα non sunt. Respectu rei fruendæ, conductor interdum *inquilinus*[1] dicitur; sæpiùs quando œdes seu prædium urbanum conduxit[2]. Colonus, ab agro colendo, quando prædium seu fundum rusticum habet. Horrearii nomen accipit, qui horreum conduxit, id est, frumenti repositorium[3]. Coloni, de quibus suprà, in genera quatuor vulgò segregantur : Quidam *emphyteutæ coloni* vocantur, qui in perpetuum vel in tempus non modicum prædium conducunt. Quidam *conductitii,* qui prædium colentes non in numerata pecunia, sed in certa fructuum pensione canonem solvunt : quod autem contractus innominatus *facio ut des,* esse videtur. Quidam deniquè *partiarii* dicuntur, qui ob partem quotam fructuum prædium colunt; hi magis operariis assimilandi videntur : Sunt etiam *nummarii,* quos feliciùs conductores vocant.

Nunc ergò ad prohibitiones lege stabilitas pergamus. Omnes, hoc jam diximus et probavimus, locare et conducere possunt qui non prohibentur. Hanc autem legis dispositionem strictissimo sensu intelligere oportet. Enumeratis igitur incapacibus, reliqui idonei erunt ad conducendum. Prohibentur autem quidam *absolutè,* nonnulli *secundùm quid.*

Absolutè prohibentur, vel ob consentiendi impotentiam, id est, quia sese obligandi penitùs sunt incapaces; vel ob specialem legis dispositionem.

Primò ab consentiendi impotentiam prohibetur *a.* infans, qui

---

[1] Vocat et hodiè *inquilino,* vocabulo italico qui œdium partem conduxit, præcipuè in Italia septentrionale.

[2] Interdum autem *inquilinus* vocatur servus prædio adjunctus, sicut et legimus : « Siquis inquilinus sine prædiis quibus adhœret legaverit, inutile erit legatum. » L. 112, D. liv. 30, t. 1. de leg. et fideicom.

[3] Dicitur *horreum* locus ubi *pretiosissimam partem fortunarum suarum* includere soluit, veluti gemmas, aurum, et cætera ejusdem generis. L. 60. D. ht.

F   2

adhuc minor septem annis est, et fari non posse censetur[1]. Nemo enim ad id consentire videtur quod non sentit, vel mente agitare valet. *b.* Qua propter et furioso et mente capto, etc., eadem negatur facultas; nam carere censentur omni intellectu et indè consensû; ideòque illis deficit potestas ex quâ obligatio oritur[2].

Ob specialem legis interdictionem locare conducere prohibetur *a. prodigus*, cui a magistratibus interdicta est fortunarum administratio[3]; quia enim bona sua dilacerando et dissipando profundit; furioso vel pupillo æqui paratur : Cœterum non absolutè exempli gratiâ data comparatio debet intelligi.

b. Legibus quoque prohibentur *milites* prædia rustica conducere, et pro conductoribus fidejubere. Sin præscripta transgressi erunt, militiâ priventur, omnia privilegia stipendiaque a lege recepta illis excident; imò fient infames, et fundum conductum restituere tenentur. Qui deniquè, sciens, militi fundum locaverat, non solum actionem nullam contrà militem conductorem obtinebat[4], sed etiam fundo et dignitate privabatur, et ipsi judices qui toleraverant a militibus fundos conduci, exilio tradebantur. « Ne amisso armorum usu, ad opus rur- « restre se conferant. Armis autem non privatis negotiis occupentur; « ut numeris et signis suis jugiter inhærentes, rempublicam, a quâ « aluntur, ab omni bellorum necessitate defendant. »

Eâdem legum interdictione, olim rerum alienarum conductores esse non poterant, decuriones, palatini, apparitores, comites rerum privatarum. Quæ prohibitio eâ ipsâ ratione inniti nobis videtur, quâ tutores à rebus pupillaribus emendis prohibent[5]. Prohibebantur quo-

---

[1] § 10. Inst. de inest. stip. Liv. III, t. XX. — L. 14. D. de spons (XXIII, 1). L. 2. D. de adm. tut. (XXVI, 7). L. 2. De ritu nupt. (XXIII, 2).

[2] L. 14. D. ht. L. 1, § 2, de pact. (II, 14).

[3] L. 10. D. de cur. furios. (XXVII, 10).|— L. 27. D. de minor. (IV, 4). Nov. 16.

[4] Hugo Donellus, Com. ad jus civil. C. 23, p. 99. — Nov. 16.

[5] Vid. L. unica C. XI, t. 71-72, quibus ad cond. prædii fisc. acced. non licet. L. 30. D. ht. L. 4. L. 34. C. de Decur. (C. X, 31).

que olim clerici veluti presbyteri, diaconi, subdiaconi : propterea quod, cùm divino ministerio occupati sint, commoda sua in res externas insequi non debent.

Prohibebantur quoque tutores et curatores, fundos publicos conducere; duas autem causas huic legi vulgò attribuunt : priorem, respectu pupilli, ne tutelæ administratio oneretur causâ fiscali; posterior fiscum respicit, qui, cùm pupillo hypothecam tacitam in bonis tutoris habeat, pro omne quod interest, ne sibi pupillus præferatur, et nihil supersit ex bonis publicatis, extimescit.

Secundum quid prohibentur, mulieres majorennes, quæ stipulari, sine tutoris auctoritate[1], olim prohibebantur, neque hodiè, nisi annuente marito queunt, ejusdem consensu, locandi conducendi jus apud Romanos habere. Excipias tamen regia vectigalia, quæ mulieres conducere non possunt, quia muneris virilis, et publici incapaces intelliguntur[2].

3° Arcentur quoque debitores fiscales à conductione rerum dominicarum, nisi idoneos præstent fidejussores, non solum pro ipsâ conductione, sed et pro debito jàm contracto[3].

4° Pater familias deniquè et filius familias ad contractum locationis solidè ineundum non admittuntur, quia tamdiù filius in potestate manet, ille una cum patre persona, una vox[4].

PARS TERTIA.

QUÆ CONSENSUM VITIARE ET LOCATIONIS CONTRACTUM EVERTERE POSSUNT.

Suprà demonstravimus locationem-conductionem consensualem esse contractum; facilè igitur reddi poterit ratio cur ad ejus validita-

---

[1] Ex senatus-consulto Velleiano. Inde tutores Velleiani. — L. 18, § 8. — L. 3, § 11. D. de mun. et hon. (L. 4).

[2] L. 1, § 1. D. si ager vectigalis (VI, 3).

[3] Inst. § 4. De inut. stipul. (III, 19 (20)).

F   2.

tem abscissè requiratur consensus, qui liber et ab omni violentia solu-
tus esse debet. Utrum consensus sit expressus an tacitus nil refert,
modò omni metu dolove careat. Cum locatio conductio sit bonæ
fidei contractus, et ambo obligentur, uterque ad pactum consentire
debet.

Quæ autem ex utràque parte consensum vitiare possunt, paucis enu-
cleandum est. Agendi et judicandi, ideòque consentiendi facultas, aut
vi aut metu, aut errore tollitur partimve impeditur.

1° *Vis.* Vim universè dicimus quidquid necessitatem agendi con-
trariam voluntati imponit[1] propriè autem impulsionem quamdam
extrinsecùs oblatam, quo agendi facultas cœrcetur[2]. Vulgò tamen
injustam tantummodo impulsionem sic nuncupamus; etenim justa
vis, ea scilicet quam magistratus in sententiis exsequendis adhibere
solent, contractûs resecandi causam afferre nunquam potest[3].

2° *Metus.* Consensum necessè vitiat metus, quippè qui ab atroce vi
gignitur; «Metum accipiendum, docet Labeo, non quemlibet ti-
« morem; sed qui a majore malignitate gignitur, et qui in hominem
« vel constantissimum cadit » (μεγάλης κακοτελείας), Metum putà vin-
culorum vel carceris[4]. Metus hic præsens esse videtur, non autem quem
futurum veremur aut suspicimus[5].

3° *Dolus.* Dolus propriè dicitur quodcunque vel *simulando* vel *dis-
simulando* fit. Cum in locationem conductionem bona fides expressè
requiratur, et dolus a Labeone definiatur: «Calliditas, fallacia, ma-
« chinatio ad circum veniendum decipiendumve fallendumque alte-
« rum adhibita[6] »; cùm ideò bonæ fidei omninò contrarius sit, et æqui
bonique regulis adversetur[7]; tùm facile inde patet, locationi nocere

[1] Mühlenbruch. Doct. Pand. , t. 1, § 93. L. 1. D. quod metus causa (IV, 2).
[2] L. 2. D. quod met. caus. (IV, 2).
[3] § 8. Inst. de publ. jud. (IV, 16).
[4] L. 5, 6. D. quod met. caus. (IV, 2).
[5] L. 2. D. id. (IV, 2). Mühlenbruch. Doct. Pand., 1, 94.
[6] L. 1, § 2. D. de dol. malo (IV, 3).
[7] Arg. L. 5. D. de resc. vend. (C. IV, 44).

dolum, sive sit *causam dans* (ut dicunt glossatores et doctores), sive *incidens* in contractum subrepserit. Priore, contractus fit nullus; posteriore, ab actione ex stipulatu purgatur[1].

4° *Error.* Cœtera quæ consensum vitiant ab errore procedunt, qui falsum est judicium de aliqua re facienda vel de obligatione præstanda. Error vulgo ab ignorantia accuratè distinguitur sed quoniam similis utriusque sit in locationem conductionem effectus, in his quæ sequuntur hanc ab illo secernere non necesse erit.

In locationem conductionem triplici modo, error incidere potest. Committi enim solet vel circà *essentialia* vel circa *necessaria* contractui, vel tantummodo circa *accessoria.* Primo modo errare possunt contrahentes, si unus rem pro certo pretio vendere, alter autem rem eamdem pro mercede locare existimaverit. Placuit igitur nullum habere valorem quod actum est; nulla emptio, nulla locatio est[2]. Simili modo, si error de re locanda incidat, veluti si Cornelianum fundum locandum afferam, et si tu, Mœvi, Sulpicianum conducere spondeas, nihil agimus. Itidem si pratum pro vineto, agrum pro lapidicinâ conductor accipere putet, jure a contractu discedere potest. Cùm denique ultrò citròque obligatio nascatur, et conductor ratione rei utendæ, ad pecuniam solvendam obligatur, ex æquo et bono petitur ut partes non tantùmmodo in rem, sed etiam in ejus substantiam convenire possint.

Error in mercedis qualitate vel quantitate contractum etiam eversit, veluti si locator pro centum aureorum rem Caïo locaverit, quam conductor pro centum sesterciis conduxisse existimaverit; aut si locator centum in numerata pecunia se recepturum, conductor verò idem in fructibus se crediderit soluturum.

---

[1] Arg. l. 11, § 5. L. 13, § 4. et suiv. de Act. empti vendit. (XIX, 1).
[2] L. 36. De acq. rerum. dom. (XLI, 1).

PARS QUARTA.

Sunt præatereà alia quædam, sed minoris momenti, quæ locationis-conductionis contractum violare et ad nihilum redigere sufficerent. Quibus neglectis, nunc præsertim properandum nobis videtur ad res definiendas quæ ab hujusmodi contractu amplectuntur; deinceps ad mercedis naturam et modos pergemus; sicque enumeratis quæcumque ad locationem conductionem efficiendam necessariò conspirant, veniemus tandem ad quærendum de quibus liceat nec ne contrahere.

Possunt locari et conduci regulariter res omnes mobiles vel immobiles, corporales vel incorporales, modo in commercio sint, nec a lege prohibitæ, nec usu consumandæ[1].

1. *Res fungibiles.* Fungibilium autem rerum, quia usu consumantur, propriè non est locatio.

Quomodo enim conductor re uti valeret nisi quodam jure dominii ? At locatio conductio nunquam jus dominii transfert, nec conductor rem locatori in specie reddere tenetur[2]. Sunt tamen quibus rem fungibilem conduci permittitur : Quando scilicet res fungibilis ut accessorium rei locatæ videri potest, ex axiomate juridico : *accessorium sequitur principale;* tum quoque quando res ad pompam et ostentationem solummodo locatur; proptereà quod illo casu, res non ut fungibilis, sed in specie reddenda conducitur.

2. *Res alienæ.* Jam facile intelligimus, ex emptionis venditionis axiomatibus, parum interesse an res locatori propria sit vel aliena, quùm, ex indole locationis, dominium etiam utile non transferatur. Ita locator rei alienæ, pro eo tempore quo conductor illà usus est,

---

[1] Inst. § 1-5. L. II, 5. De usu et habit. — L. 12. D. de usufructu. (VII, 1). — L. 31. D. ht.

[2] Arg. L. 3. § 6. D. de commod. (XIII, 6).

mercedem exigere potest. Si verò rei dominus superveniens, eam vindicando aufert conductori, tenetur locator ad interesse.

3. *Res incorporales.* Quum igitur, ex suprà dictis, perindè sit, utrùm res sint corporales an incorporales, prono alveo fluit, ut rectè locetur jus vectigalis[1]. Usum et habitationem, cùm sint jura personalia a personâ non egredi debere, recte quis ex institutionum § 1, 5, *L. II. de usu et habitatione* inferret. Sed quoad usumfructum, id notare juvabit (quod maximum discrimen in quæstione admittit), usumfructum locari posse, sed non jus ususfructûs propriè sic dictum, sed potiùs juris commoditatem[2]. Moriente enim usufructuario, extinguitur etiam ususfructus, et simul jus conductoris; quod plane probat jus a persona usufructuarii nunquam egressum esse, quia jure romano, *resoluto jure concedentis resolvitur jus concessum.*

De servitutibus autem prædialibus quidam simpliciter asserunt, servitutes sine fundo locari posse : alii vero, et rectè judicare nobis videntur, concedunt eas ritè quidem locari, sed non nisi cum ipso prædio, quia a prædiis nullo modo separari possunt. Nam, si lege Scribonianà, servitutes sine fundo non usucapiendas constat, quia ad utilitaten fundi imprimis tendunt; a fortiori servitutem sine fundo non esse locandam videtur, non solum quia conductori nullam affert utilitatem; sed etiam eò quod cessante necessitate, fundi cessat servitus. A fortiori judicabitur servitutes locari non posse sine fundo, ad necessitatem cujus fuerint stabilita.

Rei æstimata locatio etiam valet, sive æstimatio eò tantum spectaverit, ut si res, culpâ conductoris perierit, de pretio restituendo constet; sive ut conductori finito locationis tempore, rem ipsam reddere aut æstimationem solvere sit licitum.

4. *Res communes.* Res communes pluribus, omnium dominorum

[1] Arg. L. 4. C. vect. nov. inst. (IV, 62).

[2] Inst. § 1. De usu et habitatione (II, 5). — L. 9, § 1. D. ht. — L. 18. C. de jure dot. (V, 12). — L. 13-15, § 4. D. de usufructu (VII, 1).

consensu locari possunt[1] : ea autem quæ propriè communia dicuntur, sicut aer, aqua profluens et alia nonnulla, extra commercium posuit jus, et ideò in obligationem venire nequeunt.

5. *Res propriæ.* Rem conductor vel locator sibi propriam legitimè non locat, nam hic duorum consensum in unam rem deest, et ideò contractus evanescit[2].

PARS QUINTA.

DE MERCEDE, ID EST DE TERTIA RE QUÆ AD CONFICIENDUM CONTRACTUM DESIDERATUR.

Prioribus jamjam capitibus de duabus rebus, consensû scilicet et re locandâ, quæ in nostro contractu desiderantur, diximus. Nunc ergò ad tertiam pergimus, mercedem nimirùm quæ pro usu rei vel facti præstatione promittitur[3]. Consistit merces generaliter in pecunia, et hâc non solum nummos intelligimus, sed et res omnes quæ homini possunt afferre utilitatem[4]. In locatione conductione autem merces potissimum in pecuniâ numeratâ consistere solet; qua usus rei veloperæ æstimatur. Ubi enim certa merces constituitur, quæ non nummis solvi debet, propriè non est locatio : sed incidit quidam contractus innominatus; daturque locatori vel conductori actio *præscriptis verbis.* Nam, ut

[1] L. 28. D. de comm. divid. (X, 3). — L. 11. D. de serv. rust. (VIII, 3). — L. 34. D. de usufructu (VII, 1).

[2] L. 222. D. de verb. signif.

[3] Sæpissimè autem merces, *pretium,* vel *pensio* vocari solet, quando de re corporali utendâ sermo fit, *manupretium* autem, quando solvitur pro operâ præstandâ. Barn. Brisson. Antiq. L. 4. c. ult.

[4] Sane pro utrâque sententiâ proponuntur non condemnanda argumenta. Qui solam numeratam pecuniam requirunt, inter veteres sunt : Gomezius : var. res., t. 3, c. 3, n° 3. Perezius. com. ht. inter recentiores, Mühlenbruch, t. 2, § 408. Alii autem quam plurimi præclaris utuntur rationibus ad probandum mercedem in nummis et in fructibus consistere posse. Cujas. ad African. 8. leg. eum funcdum, p. 2062, col. 2. Harprecht, § 1. Inst. ht. Corasius, 2 miscel. 11. Godofredus, L. 21. C. ht.

collegerunt verteres, *ubi non est pecunia numerata, ibi non est merces; ubi non est merces, ibi non est locatio.*

Respondebant nonnulli pecuniam in prædictis legibus latè accipi pro re quàlibet fungibili, sicut in lege 222. D. de verb. sign. et potentiore fulti argumento, lege enim 21 C. *delocat* cujus hæc sunt verba « *Si alii certa ponderatione, fructus anni locasti.* Rectè lucidèque existimant contractum locationis pro certa mercede in fructibus solvenda constitutum non ideò evanescere, et in novam transire conventionem. Quod autem Cujas bellè monuit animadvertendum : « Locandi verbo « lex utitur sub titulo *de locato,* et contractum hunc dicit esse *bonæ* « *fidei.* Nam si bonæ fidei, locatio igitur vera. Contractus enim similis « locationi non est bonæ fidei, velut *do ut facias.* Fateor in emptione « venditione pretium in nummis debere consistere. At *in locatione dico* « *etiam in alia quantitate consistere posse,* veluti mensurâ et pondere, « ac proinde cum colono partiario contrahi locationem et conductio- « nem, si contrahendæ locationis animus fuerit; ac præsertim si de « certa fructuum quantitate, velut modiis vel amphoris tot quot annis « inferendis convenerit. »

Mutatur vero quæstio, si, quod sæpius accidit, fundum, pro parte quota fructuum, conductum fuerit; ita ut, uberiore anno, dominus plus fructuum, sterili vero, minùs obtineat. Dicitur hæc *colonia partiaria* vel apud recentiores *contractus socidæ.*

Merces debet esse. — 1. *Vera.* Quum bona fides, et æquitas exactissima huic contractui præsidere opporteat, facilè reddi poterit ratio cur merces vera esse debeat; id est non simulata, sed eâ mente constituta ut exigatur. Hinc consequitur locationem propriè non fieri, nisi ab initio locator mercedem totam, vel majorem partem se exacturum promiserit.

2° *Justa.* Sit quoque merces justa, id est proportionata. Ad evitandas lites, jus romanum latitudinem aliquam concessit : et quemadmodum in emendo et vendendo permissum fuit quod pluris est minoris emere, quodque minoris pluris vendere, ita in locatione con-

3

ductione recti juris est se invicem circumscribere. Si quidem enormis,
id est ultrà dimidiam intervenerit lœsio, rescindenda erit locatio conductio; vitiat enim locatio nimia inæqualitas mercedis [1].

3° *Certa.* Mercedem certam deniquè requirunt, nempè quæ precisè
definiri possit, sive ex determinatione contrahentium sive per relatio-
nem [2] ad id quod solvitur plerumque [3]. Ubi enim non statim merces
constituitur, sed tantum promittitur quantum justum erit, vel quantum denique inter contrahentes seriùs conveniet hoc propriè non est
locatio, sed incidit in contractum innominatum, do ut des do ut facias, etc.

CAPUT III.

DE EFFECTIBUS LOCATIONIS CONDUCTIONIS.

PARS PRIMA.

DE OBLIGATIONIBUS ET JURIBUS LOCATORIS.

Ventum est ad id quod maximè in nostrà dissertatione interest.
Multi enim è contractu exeunt effectus qui locatorem et conductorem
respiciunt. Primùm locatoris obligationes et jura excutiemus, quæ ab
intima contractûs natura, aut a mutuis contrahentium protestatio-
nibus oriuntur.

Effectus igitur locationis et conductionis in obligationibus con-
sistunt quæ inter locatorem et conductorem ex contractu universè

---

[1] L. 2. D. de resciud. vend. (XVIII, t. 5).

[2] Relatio fit vel in præteritum, quantum Titius rem conduxerit; vel in præsens,
quantum communè res ejusdem generis conducuntur. Bachov. Disp. 28. Th. 6.
Vinnius. in Inst. ht., n° 2.

[3] Inst. § 1. ht. L. 25, pr. D. ht.

nascuntur : quarum causâ actiones *utrimque directæ*, utrique contrahentium proditæ sunt.

De actionibus infrà, de obligationibus autem in hoc et sequenti capite sumus acturi.

Est autem axioma magni momenti, quod imprimis prædicare debemus; nempè è natura contractûs, omnia secundum legem præstari solere; et, si quid in lege prætermissum fuerit, fieri præstationem ex æquo et bono.

1. *Obligationes locatoris.* — A. *Ad traditionem et usûs patientiam tenetur.* Locator ergà conductorem obligatur non solum ad meram rei traditionem et ad observationem conventionis, sed et ad patientiam fruitionis per tempus conductionis præstandam, et denique ad amotionem cujusque impedimenti[1]. Ex his tribus obligationibus, omnia nascuntur et fluunt; hàc igitur divisione uti debemus, si jura et obligationes utriusque lucidè exponere velimus.

a. *Traditio.* Quum ad rei traditionem teneatur locator, sequitur ut rem possidere et *in bonis* habere debeat, quando contractus perficitur. Hâc autem traditione regulariter neque dominium, neque aliud jus in re [2], sed naturalis tantum detentio sine animo domini in conductorem transfertur[3]. Parum sanè interest utrum traditio sit quam vocant *brevi vel longa manu* an vero *symbolica*.

b. *Impedimenta fruitionis.* Sed magni, ne traditio vana fiat, quippè cum conductor in usu vel fruitione rei turbatus evaserit, evictione vel alio quoquo modo tenebitur locator. Cur enim fundus conducitur, nisi ut colono inde fructus speratos colligere liceat? Impedimenta ex locatoris vel ex alia personâ gignuntur, justâ vel injustâ causa nascuntur.

---

[1] L. 15. D. ht. — L. 25, § 1. D. ht. Donellus. L. 13. C. 6. Comm. de jur. civili.

[2] Inde sicut et suprà demonstravimus discrepationes inter usumfructum et locationem.

[3] L. 39. D. ht. — L. 65. D. de contrah. empt. (XVIII, 1).

F   3.

Possessionem impedire videtur locator non solum quando conductorem, ne re fruatur, prohibet, sed cùm alium prohibentem, quem ipse locator arcere valet, non expellit[1]. Tenetur locator ex contractû, nunc ad id omne quod conductoris interest, nunc ad solam mercedis exonerationem; quod accidit quando justam impediendi causam habet locator[2].

c) *Impedimenta quæ à rerum natura oriuntur.* Si fortuitò quoddam impedimentum circà rem locatam contigit absque locatoris culpà et voluntate, veluti incendio, chasmate, belli vel pestis tempore, aut spectrorum timore, tenetur locator tantum ad remissionem mercedis promissæ, vel ad restitutionem pecuniæ numeratæ, pro tempore quo re fruendà impeditus fuerit[3].

d) *Impedimenta quæ ex persona conductoris nascuntur.* Cæterum quando impedimentum neque propter locatoris negligentiam natum est, neque occasione rei, sed magis propter culpam conductoris, tenetur iste ad integram mercedem præstandam[4].

e) *Impedimenta ab aliis justè facta.* Quod si quis rem ut suam vindicaverit quam alter jam elocavit, conductoremque evictione expulerit, tenebitur locator erga conductorem ad omne id quod ejus interest[5]. Quando tamen evictio, antequàm conductor re fruitus sit, locum habuerit; ex æquitate absolvendus erit locator, si modo pecuniam anteà numeratam conductori restituat. Quotiescumque eò res venit ut evictione expellatur conductor, id publica auctoritate fieri opportet. Nam summa injuria foret si ex abrupto et veluti Jovis ignibus icti conductores ad rem deserendam obligati essent, nec saltem quidam concesso tempore per quod novum prædium suis usibus accommodatum sibi comparent[6].

---

[1] L. 15, § 8. — L. 33, § ult. — L. 25, § 1. — L. 30. D. ht.

[2] L. 35. D. ht.

[3] L. 9, § 1. — L. 15, § 2. — L. 19, § 6 D. ht.

[4] L. 10. C. ht.

[5] L. 9, § 1. — L. 15, § 8. — L. 33-35. D. ht.

[6] L. 17, § 3. D. de commod. (XIII, 6).

B. *Ad pecuniæ ob sterilitatem remissionem.* Quemadmodum autem ob usûs rei impedimentum, mercedem iis casibus suprà dictis remittendam diximus; ita si sterilitas extrinsecùs ob vim majorem accidat, et si conductor inde experiatur damnum intolerabile; ex juris civilis æquitate, mercedis exonerationem petere potest[1].

Verum si fundi sterilitas non improvisa calamitate consecuta sit, sed potiùs fundi indole, veluti si ager saxosus, frigidus, sabulosus est, nullam conductor petere potest remissionem: colonus enim sibi damnum imputare debet: nam libenter fundum conduxit[2].

Axiomate jurisconsulti utuntur: *Nulla obligatio sine jure, nullum jus sine obligatione.* Quùm igitur locator ad prædictas obligationes teneatur, ex æquo illi jura correspondentia competere debent. Sed quemadmodum ex axiomate jura locatoris deduximus; ità ex juribus locatoris, conductoris obligationes assignabuntur. Naturali igitur nexu pergimus ad secundam capitis partem, id est ad obligationes conductoris.

PARS SECUNDA.

DE OBLIGATIONIBUS ET JURIBUS CONDUCTORIS.

Duplici fonte nascuntur conductoris jura: priore, ex obligationibus locatoris; posteriore ex illiùs patientià. Rem enim conductam, si nihil aliud fuerit conventum, alii locare potest conductor vel totam vel pro parte; dummodo subconductor de re utatur secundum jura priori concessa[3]. Quod si, contra legis æquitatis et contractûs, re abutatur conductor secundus, locatoris interest sublocationem prohibere[4].

Facilè legis vim et potestatem intelligimus in conductionibus con-

---

[1] L. 15, § 2. — L. 25, § 6. D. ht. — L. 8. C. ht.

[2] L. 13, § 6. D. de damn. inf. (XXXIX, 2). — L. 15, § 2. D. ht.

[3] L. 6. C. ht. — L. 7.— L. 24, § 1. D. ht. — L. 5. § 1. D. de his qui effud. vel dejec. (IX, 3).

[4] L. 13, § ult. D. de usuf. (VII, 1).

suetis, sed difficilius explicantur jura coloni partiarii. Quidam autem existimant colonum partiarum alii coloniam suam transmittere non posse; quippe qui quodam societatis jure, cum locatore tenetur, et nemo in societatem socium novum, sine socii consensu obtrudere potest[1].

Aliud ex contractûs indole, et juris axiomatibus, conductor jus consequitur. Impensarum quas vulgò utiles vel necessarias vocant, indemnitatem petere potest [2]. Hìc enim conductor negotiorum gestorem esse videtur, et cum nemo damno alterius locupletior fieri debeat, consequens est ut locator ad prætium impensarum conductori restituendum teneatur.

Extat denique ultimum conductoris jus; idest, *jus recedendi*. Quemadmodum locator interdùm ex justâ causâ, ante tempus contractu præfinitum conductorem dimittere valet, ita et conductori, in certis casibus migrare, et rem conductam relinquere licet. Causas autem secundum rerum genus æstimare debes.

Justis quoque causis ædes conductas relinquit conductor, cùm ruinosæ in incolas collabi imminantur; vel cum vicino ædificante, ostia luminaque earum mœnibus perobscurentur [3]. Modo enumeratis addere licet nonnullas migrandi causas, quæ ædibus non secus ac fundis communes esse videntur : pestis nempè [4], impetus hostium vel latronum [5]. In quocumque prædicto casu, conductori non licet rem relinquere, nisi relinquendi animum locatori denuntiaverit.

Nunc ad obligationes conductoris quæ merito à nobis non sunt ne-

[1] L. 25 , § 6. D. ht. — L. 19. — L. 65, § 11. D. pro socio. (XVII, 2).

[2] Quando ad impensas solvere verbis contractus non tenetur.

[3] L. 25, § 2. D. ht. — L. 28. — L. 33. D. de damn. inf. (XXXIX, 2). — L. 13. D. ht.

[4] Arg. L. 27, § 1. Godof. et Ripa d. l. cit., n° 20-22, sed cessante morbo, conductor contractui usque ad tempus stare tenetur; et mercedem pro rata temporis quo re usus est, præstare.

[5] L. 13 , § 7. — L. 34. D. ht. — Spectrorum timor olim justa migrandi causa videbatur.Gothof. ad L. 27 D. ht.

gligendæ. Conductor igitur maximè et imprimis ad mercedem justo tempore solvendam tenetur. Tempus autem sponte sua contrahentes stabilire valent. Sed tamen si merces semel solvatur pro toto contractûs tempore, quæritur a nonnullis, sic non potius locator usum rei conductori vendiderit quàm locaverit, quod jam suprà exposuimus. Vulgò merces annuatim solvi debetur, et si intrà biennium conductor pensionem non præstiterit, jurè monitum locator è re suâ expellere potest[1].

Obligatur denique conductor ad rem legitimè utendam. Contractus enim est bonæ fidei, et locatorem jam supra diximus rem contractui idoneam præstare debere; indè sequitur ut conductor ex bona fide tenetur ad rem non illiciter impendendam. Usus enim in locatione non lato sensu, sed limitatum et a contrahentibus strictè stabilitum accipitur. Aliter si conductor re utatur, abusum vel furtum usûs suscipit et pro eo justè condemnari potest.

Cœterum non mercedem tantum solvere locatori conductor tenetur, sed et damnum quod rebus conductis, dolo, culpave intulit[2]. Nempe si e. g. fundos feraciores, modis illicitis, reddiderit et ita telluris indolem deteriorem effecerit, vel si fundi usum et destinationem ignorante vel nolente domino, mutaverit, locatori interesse oportet[3].

Quod autem doctores custodiam et levissimam culpam nominaverunt, non e natura locationis gignitur; quippe quæ bonæ fidei est, et in illà uterque contrahentium lucrum aliquod quæsivit[4].

CAPUT IV.

QUOMODO LOCATIONIS JUS FINIATUR.

Finitur jus locationis conductionis aut ex communibus jurium tollendorum causis aut ex modis quæ hæc obligationi proprii funt.

[1] L. 54-56. D. ht.

[2] L. 5, § 2. De de commod. (XIII, 6). — L. 23. D. de reg. juris.

[3] L. 25, § 3. D. ht. — L. 13, § 4. D. de usufruct.

[4] L. 5, § 2. D. de commod. (VII, 1). — L. 9. D. ht. — L. 23. D. de reg. juris.

A. *Ex causis communibus.*

a) *Tempus*. Atque ex priori genere imprimis est commemorandus temporis, in quod contractum fuit, decursus. Quippe elapso tempore, conductor rem locatam locatori retradere obligatur, nec potest longiùs in contractûs legibus sistere[1].

Haud dubiè consentientibus locatore et conductore, res etsi tacitè relocari potest. Sed hìc discrimina aliquot in bonorum natura prænuntiare magni interest. Si de fundo agitur, reconduxisse videtur colonus per annum ipsum, ita ut semper in annum in quo partes tacuerint locatio valere censeatur. Aliud autem jus in prædiorum urbanorum relocatione recipitur. Obligatur inquilinus ad mercedem solvendam, prout habitaverit, id est pro numero dierum tacitæ relocationis.

b) *Interitus rei*. Interitus rei conductæ ut aliud extinctionis genus agnoscitur. Est enim causa necessaria, qua non modo dominium adimitur, sed etiam qua tollentur jura in re qua ad fundum spectabant.

c) *Confusio*. Accedit etiam tertium locationis interitùs genus et causa; nempe jurium conductoris et locatoris confusio. Nam sibi invicem nemo rem suam locare potest.

d) *Alienatione* et *mutuo dissensu* locatio potest quoque rescindi.

B. *Causæ locationis contractui idoneæ.*

Cum jam decursu materiæ, varias hasce causas enumeraverimus, earum nomina hic solummodo referre liceat.

a) Si conductor intra biennium mercedem solvere neglexit.

b) Si de re abutus est conductor.

c) Spectrorum timore, incursu hostium, etc., resolvitur vel suspenditur locatio.

---

[1] Excipe tamen si vectigalium conductor sit. --- L. 9, § 1. D. de public. (L. VI, 2).

Lege 3. *Cod. deloc cond.* resolvitur quoque locatio quando locatori fundum urbanum ad utendum in suis commodis opus est. Quod hodiè nostris principiis respuit.

Mutuo dissensu finem accipit quoque locatio. Constat enim obligationes quæ consensu contrahuntur, voluntate contraria dissolvi.

CAPUT V.

QUÆ ACTIONES EX LOCATIONE CONDUCTIONE NASCUNTUR.

Ex locatione conductione, duæ oriuntur actiones, quorum fundamenta jus et obligatio locatoris et conductoris sunt. Utraque est *civilis,* id est a lege concessa, *personalis, simplex, rei persecutoria, bonæ fidei, directa et perpetua*[1]. Prior locatori competit ad jura sua erga conductorem defendenda, et ideò actio locati nominatur; posterior, verò conductori, et ideò *conducti.*

Competit actio locati ei qui prædium urbanum vel rusticum locavit adversus eum qui rem conduxit nec non adversus hæredes ejus[2].

1° Ad mercedem, in ipso tempore exigendam, quod conventio contrahentium vel mos populi assignavit.

2° Ad rem locatam finita conductione repetendam.

3° Ad damnum resarciendum quod ex culpa levi ortum est. Sed tamen excipias si iniquitate tertii illatum fuit.

Actio *conducti* conductori competit adversus locatorem ejusque heredes,

1° Ut res conductori cum omni causa tradatur[3].

2° Ut res utenda habilis præstetur[4].

3° Ut conductor in usu rei locatæ non impediatur[5].

---

[1] L. 17. C. ht.

[2] L. 24, § 2. D. ht. — L. 38. D. ht. — L. 22. D. ht.

[3] L. 9. — L. 15, § 1. — L. 33. D. ht.

[4] L. 15. D. ht.

[5] L. 15. L. 33. D. ht.

4° Datur denique ad indemnitatem et

5° Ad id quod interesse potest inter partes.

Ab interdicto Salviano, adipiscendæ possessionis, cui Salviani est nomen[1] a Salvo Julio prætore, proditum est prædii rustici locatori eorum nomine, quæ in fundum invecta, importata, ibi nata paratave sunt, de quibus inter eum, cujus in bonis essent, et actorem convenit, ut huic pro mercedibus ejus fundi pignori essent, adversus quemcumque, qui res locatas possidet, dolove fecit quo minus possideret, ut judicis arbitris easdem restituat[2].

Comparatur denique inquilino adversus locatorem interdictum demigrando, eum in finem, ut nec sine causâ res retineantur quæ ab eo invectæ sunt. Hoc interdictum colono non competit[3].

[1] Gaii. Inst., IV, § 147.

[2] Mühlenbruch, doct. pand., t. II, p. 316.

[3] L. 1. D. ht. L. 25 eod.

DROIT CIVIL FRANÇAIS.

DU LOUAGE DES CHOSES EN GÉNÉRAL.

CHAPITRE PREMIER.

DÉFINITION, ESSENCE DU LOUAGE.

Le louage des choses est un contrat commutatif et synallagmatique parfait[1], par lequel une des parties, appelée *bailleur*, s'oblige à l'égard de l'autre, appelée *locataire*, à lui céder la jouissance d'une chose pendant un certain temps et moyennant un prix que celle-ci s'oblige à payer au bailleur.

Le mot locataire a reçu dans la langue française divers synonymes que le langage juridique n'a pas toujours sanctionnés. Tels sont les mots de *preneur*, *bailliste*, *fermier*, etc.; leur sens varie suivant les espèces de louage.

Le contrat de louage peut en général avoir pour objet toute espèce de choses corporelles ou incorporelles, mobilières ou immobilières. A considérer la nature de ce contrat, les effets qu'il produit, les éléments qui le constituent, on saisira facilement les nombreux rapports qui l'unissent à la vente; il est à remarquer cependant que, d'une part,

---

[1] Art. 1709, 1127, 1102, 1104. MM. Aubry et Rau, sur *Zachar.*, t. II, p. 461.

F   4.

certaines choses peuvent être l'objet d'un contrat de louage, qui ne pourraient pas l'être d'un contrat de vente. Telles la plupart des choses fongibles qui se consomment par l'usage[1]; le preneur, en effet, ne pourrait s'en servir sans détruire la substance de ces biens et violer ainsi l'un des caractères essentiels du louage.

D'autre part les majorats, les biens dotaux durant le mariage, les biens composant le domaine de l'État peuvent être affermés, quoique le Code en ait en général interdit l'aliénation.

Je n'ai pas besoin de mentionner ici les servitudes dont l'usage ne saurait être détaché du fonds. On ne peut ni les vendre, ni les louer sans affermer ou aliéner l'héritage principal, et, dans ce cas, le fermier en jouit comme le propriétaire lui-même.

Le louage transmet au locataire un droit de jouissance et non un droit de propriété; on se tromperait beaucoup en voyant dans la chose louée l'objet et le but du contrat; c'est dans la jouissance temporaire de la chose qu'il convient de le chercher, c'est là seul qu'il réside. Les docteurs romains exprimaient ce principe en donnant au locataire un simple *jus ad rem,* tandis que l'acheteur acquérait le *jus in re* et les actions vindicatoires qui l'accompagnent.

Notre législation n'admet pas de baux perpétuels. La jouissance du preneur est essentiellement temporaire, et d'après l'esprit de notre Code, le louage ne saurait[2] jamais être un démembrement de propriété.

La loi ne s'occupe pas de régler la durée du bail[3]; elle ne fait que

---

[1] Excepté toutefois les circonstances où ces biens ne sont loués qu'*ad pompam et ostentationem*, et où elles ne forment que les accessoires d'un objet principal capable d'être loué. Dans ce dernier cas le preneur est obligé, à la fin du bail, de rendre les objets fongibles, en même quantité et qualité.

[2] Il ne faut pas confondre avec un bail perpétuel, celui qui serait soumis à une simple condition casuelle, comme le bail à colonage ou bail héréditaire, en Alsace et dans le Limousin.

[3] Voy. art. 1736, 1757, 1758, 1774. Ils établissent quelques présomptions sur la durée des baux contractés sans terme fixe.

poser des limites à la capacité de certaines personnes en matière de louage[1].

Cette capacité se détermine d'après les principes que le bail est un simple acte d'administration, et que les baux qui excèdent neuf années ont, en général, le caractère d'actes de dispositions. La nullité qui pourrait résulter de la violation de ces règles est tout à fait relative. Elle ne peut être proposée que par les incapables, les mineurs, l'interdit, la femme non autorisée, etc. Le preneur ne saurait s'en prévaloir[2].

Les principes que nous venons d'énoncer et surtout le caractère du contrat de louage de ne comprendre que la jouissance des choses, suffisent pour le distinguer d'autres contrats, avec lesquels on aurait été tout d'abord porté à le confondre. La vente, il est presque superflu de le dire, est un mode d'aliénation; le louage n'est qu'un moyen de faire valoir la propriété basée sur la puissance matérielle et productive. Une conséquence de ce principe est que le prix représente, dans le contrat de vente, la valeur totale de la chose aliénée; le prix du bail, au contraire, qu'il consiste en argent ou soit payable en denrées, se fractionne en annuités, et n'est qu'un signe représentatif du produit[3].

C'est dans leur nature et dans les effets qu'ils produisent que nous chercherons les caractères distinctifs du louage et de l'usufruit. Celui-ci démembre la propriété, celui-là ne donne au preneur qu'un pur

---

[1] Art. 1428, 1430; art. 450, 595. Lois du 12 août 1807, 25-30 mai 1835. — Les mineurs et interdits ne peuvent consentir des baux que par l'intermédiaire de leur tuteur (art. 450). — Les mineurs émancipés peuvent passer des baux dans certaines limites. — La femme non séparée de biens ne peut passer bail sans autorisation, excepté dans quelques cas spéciaux qui rentrent dans l'administration domestique (Rennes, 30 décembre 1813 et 21 janvier 1814). — Les envoyés en possession provisoire sont soumis aux art. 1429, 1430. Le propriétaire d'une chose indivise ne peut la louer sans le consentement de ses consorts, etc.

[2] MM. Aubry et Rau, sur *Zachariæ*, v. Lingenthal, t. III, p. 4; C. c., art. 1124.

[3] Peut-on dire, avec Pothier, que le louage n'est dans ce cas qu'une simple vente de fruits? Nous ne le pensons pas.

droit de jouissance temporaire[1]. Le louage enfin est un contrat commutatif, bilatéral, toujours onéreux (art. 1102, 1716); l'usufruit, au contraire, peut se constituer à titre gratuit, par donation, par testament. De ce principe il est facile de déduire les conséquences suivantes : Le bailleur est obligé de livrer au preneur la chose en bon état de réparation de toute espèce (art. 1720); l'usufruitier reçoit la chose dans l'état où elle se trouve (art. 600). L'un peut toujours renoncer à son droit (art. 622), l'autre est lié par le contrat de bail. La mort de l'un des contractants ne résilie pas le louage (art. 1742); la mort de l'usufruitier détruit et annulle le droit d'usufruit[2]. Je pourrais prolonger encore ce parallèle entre les deux contrats; mais bien qu'il puisse offrir quelqu'intérêt, il m'entraînerait hors des limites de ce travail.

Avant la publication du Code civil, une loi de l'assemblée constituante (18-29 décembre 1790) avait réduit à quatre-vingt-dix-neuf ans la durée des baux à ferme, en établissant que les baux faits pour une durée plus longue seraient réductibles à cette période de temps. Le Code a suivi et sanctionné ce système. Mais en devons-nous conclure que le bail emphytéotique soit prohibé? Nous penchons pour la néga-

---

[1] « J'accorde qu'il possède, » dit M. Troplong (*Comm. du Louage*, t. I, p. 75), « mais il ne possède pas *animo domini*, il est dominé par la pensée du droit d'autrui qui s'attache à tous ses actes et les pénètre d'un élément de précarité. » (Voyez du même auteur, *Comm. de la Prescription*, n° 239.)

[2] Toutes ces différences subsistent encore, quoique le bail ait été fait pour toute la durée de la vie du preneur. Nous ne pensons pas que l'on puisse admettre sous notre Code législatif, la doctrine presque universellement professée sous l'ancienne jurisprudence : elle assimilait complétement le bail à vie à l'usufruit. Bien qu'en fait les conditions stipulées par les parties puissent souvent embarrasser le juge, les circonstances et la teneur du contrat devront diriger son opinion et la faire pencher en faveur d'un bail à vie ou d'un usufruit. Du reste, d'après la loi du 18-29 décembre 1790, le bail à vie ne peut être consenti que pour la vie de trois preneurs successifs (voy. Pothier, *Louage*, n° 27, et tous les anciens auteurs que ce jurisconsulte cite en faveur de l'assimilation du bail à vie et de l'usufruit. Voy. aussi Merlin, *Rép.*, v° *Usufruit*, § 1, n° 3, éd. 1830. Proudhon, t. I, n° 103).

tive[1]. La loi que nous citions tout à l'heure, après avoir soumis au rachat toutes les rentes foncières perpétuelles, défendit, il est vrai, de créer aucune redevance de cette nature qui ne serait pas remboursable; puis (art. 1er) elle ajoute : « Sans préjudice des baux à rente ou « emphytéoses non perpétuels, qui seront exécutés pour toute leur « durée, et pourront être faits à l'avenir pour quatre-vingt-dix-neuf ans « et au-dessus, ainsi que les baux à vie, et même sur plusieurs têtes, « à la charge qu'elles n'excèdent pas le nombre de trois. »

Le sens de ces expressions n'est pas douteux; cette citation suffit pleinement à établir l'esprit de la loi de 1790. Le Code nous semble avoir maintenu le principe de cette loi. L'art. 543, par la généralité des termes qu'il emploie, a protégé l'emphytéose[2]; bref, nous pensons que sous le régime du Code, le bail emphytéotique subsiste, sauf la durée, avec tous les caractères qu'il avait dans l'ancien droit. Notre opinion, d'accord avec celles de MM. Duranton (t. IV, n° 80) et Duvergier (*Louage*, art. 1709, n° 28-33), se trouve cependant contredite par M. Delvincourt. Le bail emphytéotique semble à cet auteur se confondre entièrement avec un bail ordinaire. Les effets, les droits qu'il confère sont les mêmes. M. Toullier, d'un autre côté, ne peut assigner de différences tranchées entre le bail et l'emphytéose. Appuyé de l'argumentation de M. Troplong, il nous semble que, malgre l'art. 526 qui ne compte pas l'emphytéose au nombre des droits immobiliers[3], le bail emphytéotique subsiste dans toute sa force et avec les caractères distinctifs qu'il avait autrefois; et que la jurisprudence a toujours sanctionné cette doctrine.

[1] Voy. la partie romaine de cette thèse sur le Louage, C. 2, n° 4. — Voyez l'excellent travail de M. Troplong sur l'emphytéose chez les Romains, *Comm. du Louage*, art. 1709, n° 31, p. 138 et suiv.

[2] Arrêt de la Cour de cass., 15 décembre 1824. Dalloz, XXV, 1, 96. — Arrêt de la Cour de cass., 1er avril 1840, et les crit. Sirey, XL, 1, 433. La jurisprudence est à peu près unanime sur ce point.

[3] L'art. 526 ne saurait être pris dans un sens restrictif, car, à ce point de vue, il faudrait considérer les droits d'usage et d'habitation, qui ne sont pas mentionnés dans l'art. 526, comme des droits mobiliers. — Cass., 26 juin 1822 (Sirey, XXII, 1, 362). Cass., 18 juillet 1832 (Palais, 1832, t. XXIV, p. 1293, 3e édit.) Douai, 15 décembre 1832, etc. Même recueil, p. 1663. Merlin, v° *Emphytéose*, n° 4.

Les conditions essentielles à tout contrat de louage se réduisent à trois, que nous devons énumérer : le *consentement* libre et sérieux ; il est soumis aux prescriptions des art. 1108-1123 ; vient ensuite *une chose* qui puisse faire l'objet du contrat de louage ; cette condition nous a occupé précédemment ; enfin, en troisième lieu, il faut compter *le prix,* signe représentatif du produit de la chose.

Notre contrat suit encore sur ce dernier point les principes des autres contrats commutatifs ; le prix doit être certain, sérieux. Mais il importe de mentionner deux anomalies qui distinguent profondément la vente du louage. Tandis que dans la vente le prix ne peut être stipulé payable qu'en argent monnayé[1] ; dans le louage, le prix peut aussi consister en une certaine quantité ou dans une partie aliquote des fruits que la chose doit produire[2]. Dans le premier cas, le prix est fixe, le preneur doit livrer la quantité de denrées convenu ; c'est là sa seule obligation ; dans la seconde hypothèse, la portion augmente ou diminue avec la récolte, et, si je puis m'exprimer ainsi, le dividende et le quotient changent, tandis que le diviseur reste invariable.

Autre différence : contrairement aux règles du contrat de vente, la vilité du prix n'est pas un obstacle à l'existence du louage ; il suffit que le prix n'atteigne pas un chiffre assez minime pour ne pouvoir plus être considéré que comme illusoire[3].

Au reste, dans l'un et l'autre contrat le prix peut être arbitré par un tiers[4] ; il est même des circonstances, comme la tacite reconduction,

[1] Voy. Troplong, *Comm. de la Vente*, n° 146.

[2] Les art. 1763, 1771 et les lois du 22 frimaire an VII, art. 14, et 15 mai 1818, art. 75, nous semblent avoir un sens général.

[3] Arrêt, C. de cass., 11 mars 1824 (Palais, t. XVIII, § 17, 3ᵉ édit.). Cette opinion a été le sujet d'une très-vive discussion entre MM. Troplong et Duvergier. Le premier (*Louage*, p. 61) de ces deux commentateurs assure que le prix n'est devenu vil que lorsqu'il est descendu si bas, qu'il est devenu certain qu'il n'en a été parlé que *nugatorie*. M. Duvergier pense que le prix doit toujours être l'équivalent de la chose, et que sitôt qu'il franchit cette limite, il peut être attaqué.

[4] Troplong, *Comm. de la Vente*, t. I, n° 155 et suiv.

où les parties ne conviennent d'aucun prix et s'en réfèrent au contrat antérieur aux usages des lieux[1].

Les règles qui régissent le consentement en général (art. 1109 et suiv.) sont, avons-nous dit, pleinement applicables au contrat de louage, toutefois avec les modifications apportées par l'art. 1718, combiné avec les art. 1428 et 1429, et les lois du 12 août 1807, 25 mai 1835. L'art. 1713, en se référant aux art. 1127 et 1128, combinés avec les art. 538 et suiv., a déterminé les choses qui peuvent être l'objet du contrat de louage[2].

Nous arrivons, après l'examen de l'objet et de la nature du louage, à une matière qui est aujourd'hui le texte des plus vives discussions. Je veux dire la détermination et la nature des droits accordés au preneur.

Je regrette que les limites très-étroites que je me suis posées ne me permettent pas de reproduire les phases de cette lutte juridique. Je ne puis donc ici qu'énoncer mon opinion et donner le squelette des motifs qui m'ont déterminé.

D'abord, et nous l'avons déjà fait remarquer, le louage ne crée pas, à l'instar de l'usufruit, de l'usage ou des servitudes, un démembrement de la propriété au profit du preneur. Le propriétaire, en la louant, n'abdique pas le plein domaine de la chose. Le bail n'est pour lui qu'un moyen de rendre son bien productif : c'est un mode d'exploitation.

Le preneur n'acquiert jamais par son contrat le droit d'user de la chose comme le propriétaire lui-même ; il doit renfermer sa jouissance dans les clauses de son bail, et dans les limites qui lui sont tracées. Tous les droits du preneur peuvent se résumer dans un droit aux fruits que produira l'objet du louage ; or, on ne saurait en disconvenir, c'est là un droit mobilier et purement personnel. Le Code, il est vrai, maintient la possession du locataire, malgré l'aliénation de la chose louée. Mais cette seule circonstance n'autorise pas à conclure que le Code a

[1] Troplong, *Comm. Louage*, t. I, p. 71. — 1591.
[2] Voy. le *Comm. de la prescription*, du même auteur, art. 2226.

entendu conférer un droit réel au locataire. Le législateur a suivi l'ancienne définition du louage, et s'il fût entré dans ses vues d'accorder au louage un droit réel sur la chose, il en eût fait sans doute l'objet d'un article spécial.

CHAPITRE II.

DES RÈGLES COMMUNES AUX BAUX A LOYER ET AUX BAUX A FERME.

Ces règles comprennent quatre objets distincts, qui seront le sujet d'autant de divisions :

La forme du contrat,
Les obligations du bailleur,
Les obligations du preneur,
La résiliation du contrat.

I.

De la forme du contrat.

Le contrat de louage n'a besoin, pour être valide et valable, d'aucune espèce de solennité ou de formalité sacramentelle; il peut, en général, être fait par écrit ou conclu verbalement [1].

Lorsque le bail est verbal, et que les clauses qu'il contient n'ont pas encore reçu d'exécution, les règles générales du droit concernant la preuve, lui sont applicables. Ainsi on ne peut fournir la preuve par témoin, que dans les cas prévus par l'art. 1341. Mais, quant aux baux de maisons et de biens ruraux, le Code a dérogé aux règles du droit commun, en prohibant la preuve testimoniale dans les cas mêmes où

---

[1] Voyez Troplong, *De la Vente*, t. I, n°° 22 et suiv., et *Comm. du Louage*, t. I, n° 105, et la note où cet auteur discute la valeur des lettres missives. D'après M. Troplong, il faut que la réponse soit connue de l'offrant pour engager les parties. M. Duvergier assure que cette réponse n'a pas besoin d'être connue ; il suffit qu'elle soit donnée affirmativement.

le prix serait bien inférieur à 150 fr. Le serment peut seul être déféré à la partie qui nie le bail (art. 1715-1716)[1].

Dans la pensée du législateur, c'était un moyen de couper court à des contestations dispendieuses sur des objets de minime importance[2]. Mais le bail est-il avoué et la contestation ne s'élève-t-elle que pour en fixer le prix, alors surtout qu'il n'existe pas de quittances, le serment du propriétaire suffit pour constater le montant du prix de bail. Il est loisible au locataire d'en demander l'estimation par experts; mais selon que le jugement des experts se trouve inférieur ou supérieur au prix allégué par le locataire, c'est à celui-ci ou au propriétaire à faire les frais de l'expertise.

Doit-on, avec la cour de Nîmes (14 juillet 1810, 22 mai 1819)[2], admettre qu'un fermier pourra prouver par témoins la durée de l'engagement, c'est-à-dire l'époque où il devait commencer et l'époque à laquelle il devait finir? Malgré l'opinion de M. Duranton, il nous semble que l'époque de l'entrée et de la sortie, l'échéance des payements, etc., sont autant de choses dont on peut se procurer une preuve écrite, et que ce serait contrevenir à l'art. 1715, que d'admettre la preuve par témoins[3]. Du reste, la cour de Grenoble (14 mai 1825) en a formellement nié la possibilité[4].

Les jurisconsultes ont longtemps agité la question de savoir, si par un interrogatoire sur faits et articles[5] on pourrait prouver les clauses

---

[1] « Cette innovation », disait M. Jaubert (*Exp. des vœux du tribunat au corps législatif*, t. XIV, p 351), « nous a paru extrêmement sage ; surtout elle sera utile « pour cette classe nombreuse qui ne peut louer que des objets d'une mince va- « leur, un procès est leur ruine ; il faut tarir la source des procès, en proscrivant « dans cette matière la preuve testimoniale, et le serment peut seulement être dé- « féré à celui qui nie le bail. »

[2] Palais, 3ᵉ édit., t. VIII, v°, t. XV.

[3] M. Troplong pense que les dispositions légales des art. 1716 et suiv. ne s'appliquent pas aux baux de biens meubles, quoique l'intention du législateur leur semble *à priori* applicable (t. I, n° 110, p. 300).

[4] Palais, t. XVIII, p. 498, 3ᵉ édit.

[5] M. Duranton se prononce pour l'affirmative ainsi que M. Duvergier (t. III,

d'un bail verbal dénié, lorsque d'ailleurs il se trouverait dans les conditions de l'art. 1715. Nous ne le pensons pas, car le Code, et nous en connaissons les motifs, semble avoir voulu limiter au seul serment le bénéfice de la preuve; il a dérogé au principe général de l'art. 324, C. de proc., qui autorise l'admission de l'interrogatoire comme preuve en toutes matières.

Si la loi proscrit d'une manière si claire et si positive l'usage de la preuve testimoniale, elle nous semble devoir repousser l'opinion qu'un commencement de preuve par écrit pourrait servir de base à une preuve testimoniale, quel que soit d'ailleurs le taux du prix contesté. Lorsque le bail est verbal (art 1716), lorsqu'il a été fait sans écrit (art. 1715) et qu'il n'a pas reçu de commencement d'exécution, la preuve testimoniale est inadmissible; or, un bail à l'appui duquel on n'invoque qu'un commencement de preuve par écrit, et non pas une preuve complète, est un bail verbal; le serment ou l'aveu spontané peuvent seuls en prouver l'existence. L'art. 1715 est absolu[1]. A ne considérer que les intentions du législateur[2], dont les art. 1715, 1716 sont une manifestation formelle, pour ne pas s'écarter des principes généraux qui dominent notre Code, on doit repousser l'argument *a contrario* de l'art. 1715, qui permettrait d'administrer la preuve testimoniale lorsque le prix est supérieur à 150 fr.[3].

n° 258), etc. C'est le mot *seulement* employé par l'art. 1715 qui nous décide pour la négative, nonobstant l'art. 324, C. de proc.

[1] MM. Delvincourt et Duvergier (*loc. cit.*) sont d'un avis opposé à celui de MM. Duranton et Troplong (Duranton, t. XVII, n° 54). M. Troplong s'applique à rapprocher les art. 1347 et 1715, pour montrer que dans les cas d'un bail supérieur à 150 fr., on pourrait encore faire la preuve, conformément à l'art. 1347. Voy. aussi en sens contraire : MM. Aubry et Rau, t. III, p. 6.

[2] Beaucoup de jurisconsultes pensent que le propriétaire pourrait abandonner ses prétentions au bail, et exiger du preneur qui a joui, le prix de sa jouissance, comme résultat d'une usurpation de propriété. Danty sur Boiceau., ch. XIV, n° 2. Toullier. t. IX, n° 532 et suiv.

[3] C'est la somme totale du prix pour toute la durée du bail, qui sert à déterminer s'il est au-dessus ou au-dessous de 150 fr. (MM. Aubry et Rau, t. III, p. 5, note 9).

Tels sont les principes exceptionnels que le législateur a établis en fait de preuve des baux à forme et des baux à loyer. Mais pour que ces règles puissent recevoir une application, il convient que toutes les circonstances exigées par l'art. 1715 se trouvent réunies ; le juge devrait donc rentrer sous l'empire du droit commun, si l'une ou l'autre venait à défaillir.

Nous venons d'indiquer, en nous posant dans l'hypothèse de l'art. 1715, les moyens de constater l'existence du bail, et de tracer les règles qui doivent en fixer le prix. Examinons maintenant la manière de prouver les mêmes clauses, lorsqu'il ne s'élève pas de contestations sur le prix et l'existence du contrat.

Dans le cas d'un prix de bail inférieur à 150 fr., la preuve testimoniale est admissible pour toutes les clauses et conditions du bail; l'art. 1341 reprend ici son empire. Mais nous devons signaler cependant une anomalie qui existe à l'égard de la durée. Le Code a élevé, sur ce point, par les art. 1736, 1757, 1758, 1774, une présomption que la preuve testimoniale ne saurait détruire.

S'il s'agit d'un bail au-dessus de 150 fr., nul doute que la preuve testimoniale ne soit complétement prohibée, tant pour la fixation du prix que pour l'existence des autres conditions.

II.

Des obligations du bailleur.

Par la nature du contrat qui le lie, et à moins d'intervention de clauses contraires, le bailleur est obligé de délivrer au preneur la chose louée avec ses dépendances[1], de l'entretenir en état de servir à l'usage auquel elle est destinée, et d'en faire jouir paisiblement le preneur pendant toute la durée du bail.

---

[1] Cette obligation est purement accessoire. *Hæc omnia sic sunt accipienda , nisi si quid aliud specialiter actum sit. Ulp. L. 19, § 2. Loc. cond.*

Nous allons examiner successivement chacune de ces trois obligations. Toutefois n'oublions pas de remarquer que l'obligation de délivrer la chose et celle d'en garantir la jouissance ressortent de l'essence même du contrat[1]; l'obligation d'entretenir n'est qu'une conséquence de la nature du louage.

Le bailleur doit remettre au preneur la chose en bon état de réparations de toute espèce, et capable d'être employée uniquement à l'usage auquel elle est destinée. La chose doit être livrée avec tous les accessoires qui en dépendaient au moment de la passation du contrat.

Peut-on cependant considérer le droit de chasse comme un accessoire du fonds affermé? Evidemment non[2]; la chasse peut être un produit utile, mais elle n'est pas un fruit du fonds; nous n'entendons cependant pas attenter au droit naturel qu'a le fermier de détruire les animaux nuisibles qui pourraient endommager sa récolte[3]. Il y a plus, le fermier peut même poursuivre devant les tribunaux les tiers qui commettent des délits de chasse sur les terrains qu'il cultive. Mais entre la chasse proprement dite, et la conservation des récoltes par la diminution du gibier trop abondant qui les menace, la différence est immense. L'art. 1er de la loi des 28-30 avril 1790, l'art. 3 de la loi du 3 mai 1844 après lui, défendent la chasse dans *un certain temps* de l'année. L'art. 15 (loi 23-30 avril), autorise en tout temps la destruction des animaux nuisibles. Le droit du fermier n'est donc qu'un droit passager et

[1] Cette obligation est de l'essence du louage. Nous pensons que Pothier, dans ses nos 53 et 54, *Louage*, n'a pas été assez loin en disant que les obligations ci-dessus énoncées, étaient de la nature du louage.

[2] M. Favard, *Chasse*, no 15. Toullier, t. IV, no 19. — Loi des 28-30 avril 1790. Paris, 19 mars 1812. Angers, 14 août 1826. Cass., 12 juin 1828. Troplong, T. I. art. 1720, n° 161. — MM. Duranton et Duvergier s'appuient sur une consultation de M. Phil. Dupin, pour faire comprendre le droit de chasse dans les accessoires des domaines ruraux (Dur., t. IV, n° 286. Duverg., t. 1, n° 73). — Voy. surtout la nouvelle loi du 3 mai 1844, art. 1er, observ de M. de la Plesse, et réponse du garde des sceaux et de M. Gillon.

[3] Art. 15. Loi du 28-30 avril 1790.

conditionnel, qui ne s'exerce que lors d'une trop grande abondance de gibier et dans l'intérêt de l'agriculture. La même question s'est élevée à l'égard des cours d'eau. Mais ici la doctrine a établi une distinction; la pêche dans les cours d'eau proprement dits ne saurait être considérée comme fruit du fonds, et par conséquent être accordée au fermier; M. Duvergier objecte en vain que les soins qu'exigent l'entretien des cours d'eau doivent être indemnisés par le petit profit de la pêche (t. V, n° 75); ces dépenses ont été prévues dans le règlement du canon et peuvent donner lieu à des indemnités. La pêche dans les étangs, au contraire, est un fruit dont le bail doit assurer la jouissance au fermier.

Ce n'est pas assez, avons-nous dit, que le propriétaire délivre matériellement l'objet du bail au preneur; il faut encore qu'il le lui remette en bon état de conservation, et capable, en un mot, de servir à l'usage auquel il est destiné. Les parties peuvent déroger à ces obligations, suivant leur volonté ou l'usage des lieux qu'elles habitent.

La délivrance est aux frais du bailleur[1]; elle doit se faire au lieu où la chose se trouvait à l'époque de la passation du contrat; le moment de la délivrance se détermine soit par la convention des parties, soit encore par les usages locaux[2]. Dans l'hypothèse où le bailleur ne délivrerait pas la chose louée, le Code donne au locataire une action pour demander la résiliation du bail avec dommages et intérêts[3]; ou, si mieux l'aime le preneur, demander au tribunal sa mise en possession[4]; s'il intervient un jugement, le preneur pourra poursuivre la délivrance de la chose, *manu militari*. Le locateur doit en outre lever tous les obstacles que des tiers opposeraient, quoique par simple voie de fait, à l'entrée en jouissance du preneur. Et sous ce rapport l'obliga-

[1] Voy. art. 1608. C. c. — Troplong, *Comm, Vente*, t. I, n° 288. — Pothier, n° 55. *Louage.*

[2] S'il n'y a pas eu de terme fixé, le locataire doit la délivrance aussitôt qu'il a été requis de le faire. Tropl., *Comm. Vente*, t. I, n° 295.

[3] Art. 1610 cbn. avec 1741.

[4] C'est l'action romaine, *actio ex conducto*, Pothier, n° 68. Voy. plus haut Droit romain, *cap. Ultimum.*

tion du bailleur est beaucoup plus rigoureuse et plus étendue que celle du vendeur [1].

Il peut arriver encore que le bailleur ne remette pas au preneur la chose dans l'état où elle se trouvait lors du contrat; le preneur peut alors demander une diminution de prix ou la résiliation du bail. Il y aurait même lieu d'exiger des dommages-intérêts, s'il était prouvé que ce fût par son propre fait que le bailleur se soit mis dans l'impossibilité de livrer la chose entière et complète. Les cas fortuits ou de force majeure ne peuvent du reste pas donner ouverture à une semblable demande. Il est inutile d'ajouter que le retard survenu dans la délivrance libère le preneur du prix qu'il eut pour l'espace de temps durant lequel il n'a pas joui; car, nous l'avons déjà répété, le loyer n'est que le signe et le prix de la jouissance.

Lorsque la chose est livrée, le bailleur doit encore l'entretenir en état de servir à l'usage convenu entre les parties. Il est donc obligé d'y faire, pendant la durée du bail, toutes les réparations jugées nécessaires et que le Code n'aurait pas considérées comme locatives [2]. A cet égard, nous avons une simple remarque à faire : le Code a bien (art. 1754) énuméré les réparations locatives, en ce qui concerne les baux à loyer, et nous y renvoyons quant à présent; mais la même désignation manque à l'égard des baux à ferme. On peut dire, en général, que les réparations principales tombent sur le propriétaire [3]; le locataire ne doit prendre à sa charge que les réparations de peu d'importance et qui peuvent provenir de sa faute ou de sa négligence présumée. Cette observation s'applique au louage des meubles et des immeubles.

L'obligation de faire jouir en suppose deux autres qui lui sont subordonnées : la garantie que doit le bailleur des troubles ou empêchements occasionnés par son fait personnel ou par la faute des tiers; en second

---

[1] MM. Aubry et Rau, sur *Zachariæ*, t. III, p. 8 et n° 5. — § 299, note 11.

[2] Art. 1719-1720. M. Troplong, *Comm. Louage*, t. I, n° 175. MM. Aubry et Rau, sur *Zachariæ*, t. III, p. 9.

[3] Voy. Troplong, *Comm. du Louage*, t. I, n°ˢ 179 et suiv.

lieu, la garantie envers le preneur des vices de la chose qui peuvent modifier et entraver la jouissance.

La première de ces obligations interdit au bailleur de porter atteinte à la jouissance du preneur, soit en grevant l'héritage loué de servitudes, qui seraient pour le preneur une cause incessante d'incommodités[1], soit en obstruant les fenêtres ou les portes qui procurent au locataire le jour et l'air dont il a besoin, soit en donnant accès dans la maison qu'il occupe à des établissements contraires à la morale, à la santé publique ou à la tranquillité de sa famille.

Mais les conventions des parties peuvent limiter et modifier cette obligation. Rien n'empêcherait que le propriétaire ne se réservât le droit d'introduire dans la maison des professions incommodes, de restreindre la jouissance du preneur à certains accessoires et de lui interdire l'usage de certains autres[2].

Ce principe général ne peut cependant pas s'appliquer à toutes les circonstances. La loi est venue en aide au bailleur pour l'autoriser, dans le cas où une réparation de l'immeuble serait devenue indispensable, à restreindre, dans de certaines limites, la jouissance du preneur; mais les travaux d'urgence[3] ne peuvent dépasser le terme de quarante jours[4], et ils ne doivent pas être de nature à rendre complétement inhabitable le fonds qui en est l'objet[5].

[1] Pothier, *Louage*, n° 76. M. Duvergier, t. III, n° 309.

[2] La validité de ces stipulations a porté M. Duvergier (t. III, n° 312) à se demander si le louage ne différait pas de la vente en ce point qu'il autorise le bailleur à se soustraire à la garantie de ses faits, tandis que la vente ne comporte pas une telle convention (art. 1628). D'après M. Troplong, t. I, n° 191, le principe est le même dans les deux contrats : c'est la bonne foi entre les parties qui permet d'admettre ces stipulations.

[3] Troplong, t. II, *Louage*, n° 248.

[4] Merlin. *Rep.* v° *Bail.* § 6, n° 15. Pothier, n° 77.

[5] Dans ce cas, le preneur peut demander la résiliation du bail, mais jamais de dommages et intérêts. Mouricault, Fenet, t. XIV, p. 326. Ces trois conditions s'appliquent à toute espèce de louage. Troplong, t. II, n° 253. MM. Aubry et

Le preneur est dès lors obligé de supporter ces réparations sans pouvoir demander ni la résiliation du bail, ni des dommages et intérêts. Cependant si ces conditions étaient dépassées, il ne saurait, vu l'urgence, être mieux fondé à exiger des dommages et intérêts; mais il pourrait obtenir la résiliation du bail. On ne doit pas considérer comme réparations urgentes, les travaux que le propriétaire fait exécuter pour améliorer son fonds. Il y a plus, si ces travaux étaient de nature à changer la destination et l'usage de la chose, le preneur pourrait demander des dommages et intérêts ou la résiliation du bail. L'art. 1723 interdit en effet au locateur de changer la forme de la chose louée. L'étendue des préjudices est toujours laissée à l'appréciation des juges[1].

Voilà les règles juridiques qui tiennent au trouble causé par le bailleur. En ce qui concerne le fait des tiers, il est une distinction à faire : ou le trouble provient de voies de fait, ou bien il est la conséquence d'un acte judiciaire.

Dans le premier cas, lorsque les voies de fait ont été exercées par des tiers qui ne prétendent d'ailleurs aucun droit de propriété sur le fonds loué, le bailleur n'en doit pas garantie[2]. Le locataire, en effet, est gardien de la chose; c'est à sa vigilance à repousser les dégâts commis par la force brutale; il a le droit de recourir à la protection que la société accorde à tous ses membres[3]. Il est bien entendu, d'ailleurs, que

Rau , t. III , p. 29 , pensent que cette disposition ne s'applique pas aux usines, manufactures , etc.

[1] Pothier , *Louage* . n° 75. — Troplong , *Louage* , t. II , n° 244. Duranton, t. XVII , n° 65.

[2] Art. 1725. Pothier, *Louage* , n°s 81 et 82. Voy. la discussion au conseil d'Etat, et l'ancienne rédaction de l'art. 32 (aujourd'hui 1725). Object. de MM. Lacuée et Regnaud. — Fenet , t. XIV, p. 222. MM. Aubry et Rau sur *Zachariæ* , t. III , p 10 , n° 14.

[3] Le Droit romain ne donnait pas au fermier d'action pour repousser le fait des tiers , portant sur des fruits non recoltés , parce qu'il n'en était pas propriétaire.

la chose doit lui avoir été délivrée[1]; le preneur doit être en possession ; dans le cas où la délivrance n'aurait pas été effectuée, le preneur conserve intact son droit à une jouissance paisible[2].

Voici venir notre seconde hypothèse : les voies de fait résultent d'une action judiciaire, le tiers évinçant s'appuie sur son droit de propriété pour réclamer sa chose : dans ce cas, le preneur a le choix entre deux plans de conduite ; il peut nommer son bailleur, et demander sa mise hors d'instance immédiate[3]. Il a de plus la ressource de rester en cause en appelant son bailleur en garantie. Si le locataire adopte la première marche, c'est-à-dire s'il se retire du procès, le tiers demandeur ne peut exiger qu'il mette son bailleur en cause avant de se retirer. Cette obligation n'existe que du preneur au bailleur, sans concerner le tiers. Le demandeur devra citer lui-même ce bailleur à défendre au procès. Dans le cas où le preneur préférerait rester en cause, ce n'est pas pour défendre au fond, mais pour faire statuer sur le recours en garantie qu'il a contre le bailleur, ou pour proposer quelque autre moyen de droit tendant à prouver que l'éviction du propriétaire ne doit pas entraîner la sienne[4].

Les voies de fait pourraient encore résulter de la circonstance qu'un tiers, s'appuyant sur un droit de propriété non examiné en justice, voudrait troubler le locataire : celui-ci, après avoir dûment averti son bailleur[5], serait admis à demander une diminution de prix propor-

---

Mais d'autre part, le bailleur ne devait restituer au fermier que la somme d'indemnités qu'il avait obtenue des tiers. L. 52, de furt. (XLVII, 2). L. 60, *D. loc. cond.*

[1] Il est très-difficile en cette matière de tracer la ligne où finit la responsabilité du bailleur, et où commencent les risques du preneur. La distinction est basée sur l'existence de la force majeure et sur le fait de la délivrance de la chose.

[2] Cass. 7 juin 1837 (Sirey XXXVII, 1, 970).

[3] Il ne s'agit à son égard que de la propriété, et le droit du preneur n'est fondé que sur une possession d'emprunt (Mouricault, Fenet, t. XIV, p. 326).

[4] D'après Pothier, pour que le bailleur pût adopter le second parti, il fallait qu'il fût dépossédé. *Louage*, n° 91.

[5] Le preneur ne peut introduire aucune action tendant à faire cesser l'éviction

tionnelle au tort et au dommage qu'il a éprouvés. Mais jamais le preneur ne peut introduire l'action possessoire, afin de faire cesser les voies de fait, et se faire réintégrer dans le fonds qui lui a été loué[1].

Lorsque le bailleur a succombé dans la défense de son droit de propriété, et qu'il est condamné à restituer tout ou partie de l'immeuble loué, le preneur peut exiger, en vertu de son droit de garantie, toute espèce de dommages et intérêts qui pourraient résulter du tort qu'il a souffert[2]. Il importe peu que l'éviction soit totale ou partielle; cette distinction n'est nécessaire que lorsqu'il s'agit de la remise des loyers et fermages pour le temps qui reste à courir, remise toujours proportionnelle à la jouissance dont est privé le preneur.

Le locataire, nous l'avons dit, doit dénoncer le trouble à son bailleur; ce n'est que de cette déclaration que ressort l'action en garantie[3]. Cependant elle subsisterait, s'il était prouvé par le preneur que le propriétaire, bien qu'averti en temps utile, n'avait aucun moyen de repousser l'action intentée[4] (arg. art. 1640).

(Fenet, *loc. cit.*). D'après Heineccius, l'*uti possidetis* s'étendait en Allemagne même au preneur à bail (n° 1302. *Inst.*). Quelques docteurs prétendaient que sous l'ancienne jurisprudence, le preneur pour plus de dix ans pouvait diriger des actions possessoires, afin de protéger sa *quasi possession*. Troplong, *Louage*, n° 272.

[1] Le propriétaire est tenu de prendre le fait et cause de son preneur; c'est une obligation de faire, indivisible par elle-même, et qui découle de l'obligation de faire jouir (Troplong, *Vente*, t. I, n° 438).

[2] On comprendra dans les dommages et intérêts, les frais de déménagement, les impenses extraordinaires, etc. Pothier, *Louage*, n° 92. Le locateur ne saurait se prévaloir du silence de l'art. 1726. Il était dans l'esprit du législateur et de la saine équité de donner à la règle de l'art. 1727 tout l'effet dont elle était susceptible (cbn. 1744. Troplong, *Louage*, t. II, n° 279. Duvergier, t. III, n° 322).

[3] MM. Aubry et Rau sur *Zachariæ*, t. III, p. 11.

[4] MM. Aubry et Rau sur *Zachariæ*, t. III, p. 11, note 19. « Le preneur qui, après avoir négligé pendant quelque temps de dénoncer le trouble au bailleur, lui en ferait connaître plus tard la dénonciation, aurait droit, sauf l'art. 1768, à une indemnité pour l'avenir. »

Une seconde condition nécessaire à l'existence de la garantie, c'est que l'éviction doit avoir causé au locataire quelque dommage dans sa jouissance.

Enfin, il en est une troisième qu'il importe de ne pas omettre, car elle domine toute cette matière; je veux dire que l'éviction doit être antérieure au contrat[1].

Dans le cas, au contraire, où l'éviction naîtrait d'une cause postérieure au contrat, ou dans l'hypothèse où le preneur connaissant l'existence de causes d'éviction, aurait laissé stipuler la non-garantie[2]. Il ne pourrait exiger des remises proportionnelles dans le prix des loyers et fermages[3]. L'action en garantie naît de plein droit des circonstances que nous avons énumérées.

Le second effet de l'obligation principale de faire jouir consiste à garantir le preneur des vices de la chose, lorsqu'ils peuvent en empêcher le plein usage[4].

A l'égard du bailleur, l'obligation de la garantie existe, soit qu'il ait connu l'existence de vices, soit qu'il l'ait ignorée. Pour le preneur, le principe est en général différent; il ne saurait, en effet, dans la plupart des cas, exiger d'indemnité pour un défaut de jouissance, lorsqu'il a connu l'existence de la cause qui en restreint l'usage. Le consentement libre et réfléchi qu'il a dû donner en contractant, le repousse dans ses prétentions. Le bailleur peut être dispensé de la garantie, lorsqu'il

---

[1] Pothier, *Louage*, n° 82.

[2] L'action en garantie échapperait encore au locataire, s'il avait connaissance, en faisant le contrat, du genre d'éviction qui peut le menacer (Pothier, n° 84. Troplong, *Louage*, t. II, n° 285. *Vente*, n° 511. — Duvergier, t. III, 328. Pothier, *du Louage*, n° 84).

[3] L'action en garantie renaîtrait contre le bailleur, si l'eviction provenait de son fait. — Tout ce que nous avons dit de l'action en garantie s'applique *mutatis mutandis* à l'exception en garantie donnée au preneur, concurremment avec la première action.

[4] L'action qui naît au profit du preneur, est une action *ex conducto*, une sorte d'action redhibitoire (Troplong, t. II, n° 193).

prouve avoir ignoré les vices de la chose, sans préjudice cependant des dommages et intérêts que l'art. 1382 le condamne à prester[1]. Le vice ou le défaut doit en général être de nature à restreindre notablement la jouissance de la chose[2]. Les parties peuvent, du reste, modifier ces règles par quelques clauses que ce soit, pourvu qu'elles ne s'écartent pas des principes généraux des conventions[3] (art. 6, 1133, 1172, etc.).

Cette théorie juridique de la garantie repose tout entière sur le principe que le prix du bail représente dans toutes ses parties la jouissance de la chose; mais il faut en tempérer la rigueur par une sage application des règles essentielles aux contrats commutatifs. De cette combinaison je conclurai que si le vice survient pendant la durée de bail, le bailleur sera tenu de la garantie, mais ne devra aucuns dommages et intérêts. N'oublions pas plus l'axiome qui ne rend pas le bailleur responsable des cas fortuits et de la perte totale de la chose. Le bail est, dans ces circonstances, résilié de plein droit, sans donner ouverture à une action en dommages et intérêts.

III.

Des obligations du preneur.

Le preneur, dit l'art. 1728, est tenu de deux obligations principales :

[1] M. Troplong veut que l'on distingue à l'égard du locateur la connaissance, ou l'ignorance du vice redhibitoire, s'appuyant sur un passage d'Ulpien (L. 19, § 1, D. *loc. cond.*). L'auteur veut que l'on ait égard à la circonstance que le locateur serait ou non un homme faisant métier de louer les choses dont il s'agit (voy. Troplong, *Comm. Vente*, t. II, n° 574, et *Louage*, *loc. cit.*). Nous ne pouvons adopter pleinement cette théorie, mais, avec les considérants de l'arrêt de la cour de cass. du 30 mai 1837, nous pensons que de pareilles questions sont du nombre de celles soumises à l'appréciation des juges du fait, qui se décideront d'après la bonne foi.

[2] Art. 1721, 1641. C. c. Faut-il rappeler ici l'hypothèse des spectres; elle reflète vivement les mœurs du moyen âge. Nous en avons touché quelques mots dans notre commentaire romain, et je renvoie pour les feudistes à M. Troplong, t. II, n° 197, qui l'a mise en relief.

[3] Pothier, *Louage*, n° 114. Duvergier, t. III, n° 342. — 346.

« 1° D'user de la chose louée en bon père de famille, en suivant la
« destination qui lui a été donnée par le bail, ou suivant celle présumée
« d'après les circonstances. »

« 2° De payer le prix du bail aux termes convenus.

Le Code n'impose pas au preneur l'obligation de jouir par lui-même
et personnellement. Il est, en thèse générale, loisible au locataire de sous-
louer la chose à un tiers à l'égard duquel il prend la position de bailleur. Mais aux yeux du bailleur originaire, le locataire-bailleur n'en
répond pas moins des faits de son ayant-cause[1]; la circonstance de la
sous-location n'est pas censée connue du premier bailleur, elle ne
rompt pas les relations du propriétaire avec le preneur. Le sous-bailleur
est tenu de payer le prix au propriétaire sans que celui-ci puisse exiger
la plus-value de la sous-location. Cette observation n'empêche pas que
le sous-locataire n'ait contracté virtuellement à l'égard du propriétaire
la même obligation (art. 2102, n° 1).

Les parties peuvent, par clause expresse, défendre la sous-location.
Cette condition doit dès lors être rigoureusement observée[2]. Le juge ne
saurait admettre, comme motif dérogatoire à ces clauses, le défaut
d'intérêt du bailleur, le caprice des parties, etc. La clause d'une sous-
location entraîne ordinairement la défense de céder le bail. Cette pro-
hibition peut du reste être totale ou partielle.

L'obligation imposée au preneur par l'al. 1er de l'art. 1728, en contient trois autres secondaires[3].

La première ressort du texte même de notre article[4]; le preneur ne
peut faire servir la chose qu'aux usages convenus dans le bail ou à dé-

---

[1] Voy. dans Fenet, t. XIV, p. 236, la discussion entre MM. Pelet et Lacuée,
et les réponses de MM. Bigot et Cambacérès.

[2] Dans l'ancienne jurisprudence cette clause n'était pas toujours strictement
maintenue.

[3] Voy. Troplong, *Louage*, t. II, n°s 301 et suiv.

[4] L'appréciation de l'étendue de cette obligation est en général abandonnée à la
sagesse des magistrats (Fenet, *Obs. du tribunat sur l'art.* 1728, t. XIV, p. 281,
cité par Troplong).

faut de stipulation expresse, à l'emploi présumé d'après les lieux et les circonstances. Ainsi il devra non-seulement s'abstenir de tout changement de destination repoussé par les bonnes mœurs ou l'ordre public ; mais encore il ne pourra faire aucune des modifications qui seraient capables de diminuer la valeur locative de la chose , ou d'en changer la nature. Toutefois rien ne l'empêche de faire au dedans de l'immeuble , tous les travaux, toutes les améliorations qui tendraient à en perfectionner ou à en faciliter la jouissance[1], à la charge de rendre, le bail expiré, la chose dans l'état où il l'avait reçue[2].

Dans la seconde des obligations qui se rattachent à l'art. 1728 , nous trouvons une conséquence de la position du locataire envers le bailleur. Le preneur est tenu d'user de la chose en propriétaire diligent[3], ou, selon l'expression romaine, en bon père de famille. Il est responsable non-seulement de sa propre faute, mais encore de celle de sa famille, de ses domestiques, de ses sous-locataires[4], de ses ouvriers, etc.

La fréquence des incendies dans les grands centres de population, les dommages qu'ils causent aux héritages urbains, ont paru au législateur mériter quelques dispositions exceptionnelles[5]. Le Code n'a cependant pas, pour la généralité des cas, dérogé aux principes du louage. Ainsi le preneur répond en général de l'incendie[6]. Sa position à l'égard du

---

[1] Troplong , t. II , n° 310.

[2] Troplong , t. II , n° 338.

[3] Le locataire ne saurait cependant répondre de la vétusté. La vétusté est mise, par tous les commentateurs , sur la même ligne que la force majeure.

[4] *Item prospicere debet conductor ne aliquo vel jus rei vel corpus deterius faciat vel fieri patiatur* (L. 11 , § 2. *D. loc. cond,*).

[5] La législation romaine, à cet égard, a été complétement tronquée par Tribonien ; voyez la Dissertation de Troplong sur l'*Incendie* , t. II , n°ˢ 361 , 362.

[6] On a longtemps discuté pour savoir à qui devait retomber l'obligation de prouver le dommage et la faute dont il était provenu. Sous le Code civil, nous pensons que c'est au preneur à établir que l'incendie ne procède pas de sa faute. La présomption est contre lui (Fenet, t. XIV, p. 249. MM. Aubry et Rau sur *Zachariæ*, t. III, p. 13 , n° 3. Duvergier, III , n° 417).

bailleur est celle de débiteur à créancier ; le locataire doit rendre la chose dans l'état où il l'a reçue[1] ; si donc, au moment du payement, il la remet au bailleur détériorée et peut-être anéantie, il manque à l'obligation que lui impose l'art. 1728 La loi l'a cependant admis à faire valoir les excuses qui pourraient le mettre à couvert des indemnités qu'il lui faudra fournir. Ces excuses sont tirées des défauts de construction de l'édifice, de la circonstance que le feu est venu d'une maison voisine, et que, dès lors, on rentre sous le régime de la force majeure, enfin que le feu a pris à un étage différent, etc. La loi n'a pas voulu, à notre avis, restreindre à ces cas les excuses légitimes des locataires ; le juge devra accueillir toute espèce de moyens tendant à disculper le preneur et à le soustraire à l'action en indemnité qui le menace. Le législateur nous paraît avoir procédé, dans cette occasion, bien plus par voie d'exemple que par voie d'exclusion.

Les différents locataires d'une même maison sont respectivement solidaires du dommage causé par l'incendie[2] ; ils doivent concourir à le réparer, non pas d'après la valeur du bail, mais chacun pour sa part virile[3].

[1] Il est obligé de veiller à la conservation de la chose louée. « Il est donc inexact « de dire, comme on a coutume de le faire, que la disposition de l'art 1733 re- « pose sur une présomption de faute établie par exception en cas d'incendie, « entre les personnes qui habitaient la maison incendiée. Cette supposition erro- « née a donné lieu à de grandes difficultés » (MM. Aubry et Rau, sur *Zachariæ*, t. III, p. 13, note 9).

[2] Dans ce cas c'est au locataire demandeur à prouver que l'incendie est né de la faute du locataire défendeur (Troplong, t. II, n° 367. Bordeaux, 25 juin 1828. Palais, t. XXI, p. 1695, 3° éd. Lyon, 12 août 1829, t. XXII, p. 1356. Cass., 11 avril 1831. *D.* 31, 1, 123).

[3] *Quid?* Si le bailleur habitait lui-même la maison incendiée. Les dispositions des art. 1733, 1734 sont-elles applicables ? Oui, dit M. Duvergier, t. III, 416. Non, dit M. Duranton, t. XVII, 109. MM. Aubry et Rau pensent que si le propriétaire a prouvé que l'incendie ne provient pas de sa faute, les art. 1733-1734 seront applicables à la partie non réservée au bailleur, t. III, p. 14, n° 12.

En général, la nature des indemnités auxquelles le bailleur a droit, varie selon que les preuves constatent la faute du preneur, ou l'effet du hasard et d'une force majeure.

Le preneur, dans la première de ces deux hypothèses, est tenu de payer la somme nécessaire à la restauration du bâtiment, en y joignant la réparation du dommage causé aux meubles et décorations inté-rieures[1]. Dans le second cas, le preneur n'est tenu que de réparer le dommage survenu aux bâtiments.

Le preneur doit enfin restituer la chose louée à la fin du bail. C'est la troisième obligation qui naît de l'al. 1er de l'art. 1728. La chose doit être remise entre les mains du bailleur en bon état de réparation, ou suivant l'état des lieux qui aura été dressé lors du contrat[2]. Le pre-neur est tenu des réparations locatives, parce qu'elles sont censées ré-sulter de sa jouissance, et que souvent elles peuvent être la suite de la faute du locataire, de sa famille ou de ses ayant-cause[3].

Le preneur est cependant admis à prouver que le dommage n'est le résultat ni de sa négligence, ni de celle des personnes qui l'entourent[4].

---

[1] D'après M. Troplong, le preneur doit rendre le bailleur indemne de tout dommage. Il ne doit pas seulement, comme dans l'assurance, la valeur de la chose au moment du sinistre ; ses engagements vont au delà : tenu de rendre la chose dans l'état où il l'avait reçue, il faut qu'il la remplace en dédommageant le bailleur de tout le tort qu'il éprouve par la privation de sa chose. *Lucrum cessans, damnum emergens* (Troplong, *Louage*, t. II, 390. Duvergier, n° 419). MM. Aubry et Rau font remarquer très-judicieusement, selon nous, que l'obligation du preneur ne s'étend pas au mobilier déposé dans le logement qu'occupait le bailleur (t. III, p. 15. Duvergier, t. III, n° 420-421).

[2] L'entrée en jouissance du locataire fait supposer que le bailleur a rempli l'o-bligation imposée par l'art. 1728, al. 1, mais à l'égard seulement des réparations locatives (art. 1732).

[3] La présomption est ici contre le locataire (art. 1732) ; toutes les dégradations sont censées provenir de sa faute (Pothier, n° 199. Troplong, t. II, n° 342).

[4] La responsabilité du preneur s'étend aussi aux sous-locataires qu'il s'est donnés, art. 1735. Troplong, t. II, n° 396.

D'après l'al. 2 de l'article que nous examinons, le preneur est obligé de payer le prix du bail aux termes convenus par le contrat ou réglés par l'usage des lieux (art. 1247 et suiv.)[1]. La loi accorde au bailleur toutes les sûretés qu'elles a données aux autres créanciers; mais elle a de plus créé, à son profit, un privilége spécial sur les fruits de la chose encore en la possession du preneur, et sur les meubles qui garnissent l'appartement qu'il habite (art. 2102, n° 1).

A côté de cette sûreté, le Code accorde encore dans certains cas au bailleur la contrainte par corps, lorsqu'elle a été stipulée au contrat (art. 2062); et la résiliation pour défaut de payement de prix, ainsi que l'expulsion du preneur dans un délai donné[2] (cf. art. 1239 et suiv.).

IV.

Des différentes manières dont le contrat de louage prend fin.

Le louage prend fin soit par des circonstances indépendantes de la volonté des parties, soit par le fait unilatéral de l'un des contractants, soit par leur consentement mutuel[2].

Dans la première catégorie des causes qui mettent fin au contrat, on peut ranger la perte totale ou partielle de la chose louée. Si la perte est totale, il y a lieu de résilier le bail, car il manque dès lors d'objet[4]; mais lorsque l'objet de louage n'a péri qu'en partie, le preneur peut opter pour la diminution proportionnelle du prix sans se départir du contrat[5].

---

[1] Pothier, *Louage*, n° 138.

[2] Les quittances des loyers faites sous seing-privé et non enregistrées peuvent-elles être opposées au propriétaire? (art. 1328, C. c.Voy. Besançon, 15 février 1827. Palais, t. XXI, p. 166. Bordeaux, 24 février 1826. Palais, XX, 216).

[3] Le terme peut, dans ce cas, avoir été stipulé d'avance, ou les parties peuvent s'en référer à l'usage des lieux.

[4] *Ulp.,* L. 15, § 2. *D. loc. cond.*

[5] *Vis major quam Græci divinam appellant non debet conductori esse damnosa* (Gaïus, L. 25, § 6, *D. loc. cond.*). *Casum fortuitum definimus omne quo humano cæptu prævideri non potest, nec cui præviso potest resisti* (Vinnius). L'option appartient au preneur. MM. Aubry et Rau, t. III, p. 21, note 2.

Le preneur peut même avoir droit à des dommages et intérêts, lorsque la perte est le fait du bailleur [1].

Pour généraliser davantage les règles de dissolution du louage par une cause indépendante de la volonté des contractants, nous devons mentionner la confusion et les cas fortuits prévus ou imprévus (art. 1773), soit qu'ils proviennent de la nature, les neiges, les tempêtes, les tremblements de terre, ou qu'ils soient la conséquence du fait de l'homme, la guerre, l'invasion des pirates, le fait du prince, etc., *omne damnum datum à potentiori.*

Le contrat se résout ensuite par l'inobservation des clauses du bail par l'un ou l'autre des contractants. Le louage, dans ce cas, ne s'écarte nullement des règles posées à l'art. 1183-1184 du Code civil.

La troisième cause de l'extinction du contrat de louage est la résolution du droit du bailleur dans le cas de sous-location, c'est-à-dire lorsque les droits du premier locataire viennent à expirer. Cependant l'aliénation de la chose louée ne résilie pas ordinairement le contrat de bail, car l'acquéreur ne peut expulser le locataire dont le bail a une date certaine antérieure à la vente [2]; à moins, toutefois que les parties n'aient

---

[1] Voy. l'élégante discussion de M. Troplong sur les cas fortuits prévus ou imprévus, et l'art. 1773 (*Louage*, t. I, n° 204 et suiv., art. 1722, 1741. MM. Aubry et Rau, *loc. cit.*).

[2] Ici se place la solution d'une question transitoire de grande importance. La loi *emptorem* (L. 9, *C. de loc. cond.*) adoptée sous l'ancienne jurisprudence, s'appliquerait-elle au preneur d'un bail consenti avant le Code civil, et celui-ci aurait-il le droit de se prévaloir de l'art. 1743 contre l'acquéreur qui voudrait l'expulser, lorsque le contrat de vente a été passé depuis la promulgation du Code ? Nous croyons le preneur mal fondé à introduire cette exception. Le propriétaire n'est-il pas en effet autorisé à dire que son droit de propriété lui donne un droit de jouissance exclusive des fruits de la chose ? Or ce droit, il a bien voulu s'en dessaisir au profit du preneur ; mais, hâtons-nous de le dire, jamais ce dernier n'a puisé dans le contrat un droit égal à celui du propriétaire, et il a toujours reçu pour limites les bornes tracées par la loi. Or, à l'époque de la confection du contrat, la loi *emptorem* avait un plein empire. Donc le preneur ne peut, par la sur-

fait une stipulation contraire. L'acquéreur ne pourrait dans ce cas même expulser le preneur sans l'avertir dans les délais exigés par les coutumes locales : en matière de fonds ruraux, le délai ne peut être au-dessous d'une année. On comprend aisément que le preneur, privé de sa jouissance, ait droit à des dommages et intérêts représentant la perte qu'il a éprouvée. A défaut de convention, qui en cette matière fait surtout la loi des parties, le Code a statué que :

S'il s'agissait de fonds urbains, les dommages-intérêts seraient d'une somme égale au montant du loyer exigible pour le temps qui s'écoule entre le congé et la sortie. Les locataires de biens ruraux ont droit au tiers de la valeur des loyers qui restent à courir jusqu'à la fin du bail. Le législateur a établi une exception en faveur des manufactures, usines, etc.; l'indemnité est réglée par des experts.

Jamais, dans aucun cas, le preneur ne peut être contraint à vider les lieux sans qu'il ait reçu toute l'indemnité à laquelle il a droit.

Le preneur doit être en possession de la chose pour que le contrat qu'il oppose à l'acquéreur puisse obliger celui-ci à le respecter; l'art. 1743, en effet, en se servant des termes exprès *d'expulser le fermier* ou *locataire,* n'avait en vue que le cas où le preneur détenait la chose et en jouissait.

Ce n'est pas sans dessein qu'au commencement de ce chapitre nous avons dit que le bail devait avoir date certaine pour obliger l'acquéreur à des indemnités envers le locataire. Si cette circonstance venait à manquer, le preneur n'aurait d'autre recours en indemnité que celui qui naît du contrat contre le bailleur. On peut citer cependant un cas où le bail n'ayant pas date certaine, le preneur ne peut être expulsé par l'acquéreur. Cela a lieu quand la vente a été accompagnée d'un

venance du Code, acquérir plus de droits que le propriétaire n'a voulu en consentir. Concluons alors que l'art. 1743 ne peut lui être favorable, et que l'acquéreur se trouve subrogé à tous les droits qu'avait son auteur avant le contrat de vente (MM. Aubry et Rau, t. III, p. 26, note 19). Ce que nous disons du contrat de vente s'applique au legs, à la donation, à l'échange (Troplong, t. II, art. 499).

pacte de rachat. Tant que ce pacte n'est pas écoulé, l'acquéreur ne peut expulser le preneur : il lui faut attendre qu'il soit devenu propriétaire ncommutable.

Le louage s'éteint, en quatrième lieu [1], d'une manière très-naturelle, c'est-à-dire par l'expiration du temps fixé pour la jouissance [2]. Le contrat se délie entre les deux parties sans qu'il soit besoin de signifier un congé [3]. Toutefois il est important de remarquer, en cette question, si le bail a été fait avec ou sans terme fixe. Si le bail a été fait sans terme, que le preneur reste en possession, et que le bailleur garde le silence, il s'opère entre eux un nouveau contrat dont les bases sont les mêmes que celles du précédent et dont la durée est fixée d'après l'usage des lieux. La doctrine a appelé cette rénovation de bail *tacite reconduction* [4].

Cette tacite reconduction est, on le voit, uniquemment fondée sur l'acquiescement présumé du bailleur [5]. Lors donc que celui-ci a mani-

---

[1] MM. Aubry et Rau critiquent (t. III, p. 23, note 10) avec beaucoup de raison la rédaction vicieuse des art. 1736 et 1737, qui entraînent, à l'égard des baux écrits et des contrats verbaux, à des conséquences inadmissibles. Ces auteurs citent à cet égard Delvincourt, art. 1736. Duranton, XVII, 116. Duvergier, III, 485.

[2] La loi n'a pas établi de délai fixe, uniforme pour toute la France ; des cours d'appel, Amiens, Bourges, Caen, Metz, Orléans, Toulouse, etc., avaient demandé l'abolition de ces usages locaux ; mais le Code a cru ne pouvoir y porter la main sans de grands inconvénients (voy. Fenet, t. III, p. 140, etc., cité par Troplong, t. II, n° 402).

[3] Le Code appelle *congé* l'avertissement donné au locataire de vider la maison (art. 1737). La preuve du congé doit être écrite ; en cas de dénégation, il convient d'appliquer l'art. 1715 (MM. Aubry et Rau, t. III, p. 25, 6° et note 16).

[4] L'ancienne jurisprudence, le Droit romain admettait aussi la tacite reconduction, parce que le louage étant un contrat *non solennel*, peut se former par consentement tacite (voy. la partie latine de cette thèse).

[5] Ce n'est pas l'ancien bail qui continue, c'est un nouveau bail qui se produit (L. 14, D. ht. Pothier, *Louage*, n° 342. Troplong, *Louage*, t. II, n° 447. MM. Aubry et Rau, t. III, p. 29). Les hypothèques et sûretés du précédent bail ne s'appliquent

festé une volonté contraire, soit par des actes authentiques, soit par de simples faits, le preneur ne peut être reçu à invoquer la tacite reconduction [1]. Lorsque les parties auront gardé le silence à l'égard de la durée du bail, le Code a statué que :

Le bail d'un appartement meublé est censé fait à l'année, lorsque le prix a été convenu être de tant par an ; au mois, lorsque la même convention a été faite par mois ; enfin, au jour, lorsque le prix est de tant par jour [2]. S'il s'agit d'un héritage rural pour lequel les parties n'ont pas fixé le temps de la jouissance, le Code a établi en principe que le bail durera le temps nécessaire au preneur pour récolter tous les fruits du fonds : s'ils sont récoltés dans l'année, le bail dure un an, si le fonds est divisé par sols, le bail dure tout l'assolement.

Le bail peut cesser enfin par l'effet d'un congé ou avertissement donné au locataire par le bailleur dans les délais fixés par l'usage des lieux. Le congé ne peut s'appliquer qu'à un bail dont la durée n'est déterminée par aucune convention expresse ou présumée.

Nous mentionnerons en terminant une différence essentielle entre les principes de l'ancien Droit français et ceux du nouveau. Autrefois, d'après le proverbe *mort rompt tout louage,* la mort du bailleur dissol-

pas au nouveau, parce que l'hypothèque ne peut résulter que d'un acte public et ne peut sortir du consentement tacite qui forme la reconduction (art. 1740. Troplong , *Louage,* t. II , n° 449. MM. Aubry et Rau , t. III , p. 25 , note 15).

[1] Tel serait un congé donné dans le délai utile, ou une intention contraire manifestée au contrat.

[2] Il existe encore quelques difficultés sur la question transitoire de décider si la tacite reconduction faite sous le Code civil et concernant un objet loué sous l'ancien Droit , sera régie par les anciennes ou par les nouvelles dispositions. Nous croyons que la tacite reconduction étant un nouveau bail, les dispositions du Code lui sont applicables.

[3] A part ces différences , la tacite reconduction est censée faite au même prix et aux mêmes conditions que le bail précédent, art. 1758 , arg. de cet art. MM. Aubry et Rau , t. III , p. 25. Troplong , t. II , *Louage,* art. 1759 , n° 614 et suiv.

vait de plein droit le contrat passé entre les parties. Mais, sous l'empire du Code, chacune des parties est censée stipuler pour elle et pour ses héritiers; dès lors les mêmes effets ne sauraient se produire (art. 1122).

CHAPITRE III.

DES RÈGLES PARTICULIÈRES AUX BAUX A LOYER ET AUX BAUX A FERME.

SECTION PREMIÈRE. — *Des baux à loyer.*

Les principales dispositions[1] qui différencient le louage des fonds urbains de celui des biens ruraux, tiennent au privilége créé par l'art. 2102, al. 1er, en faveur du locateur de maisons[3], et aux réparations locatives que l'art. 1754 met à la charge du preneur.

D'après le premier de ces deux articles, le locataire est tenu, sous peine de résiliation de bail, de garnir la maison qu'il occupe des meubles nécessaires pour assurer le payement du loyer, et pour garantir les sûretés que l'art. 2102 lui impose. Le législateur n'a pas, du reste, déterminé nettement le nombre de termes que le privilége était destiné à garantir, abandonnant ce point à l'interprétation et à la prudence des juges[3]. Nous pensons que le privilége devra répondre du terme courant, du terme à échoir et des frais de saisie et de vente[4] (arg. art. 2102, 1°). Du reste, ce privilége ne dépouille pas le preneur du droit de disposer de ses meubles, pourvu que la maison en soit toujours suffisamment garnie.

[1] Dans les décisions qui pourraient concerner des baux mixtes, il faut établir quelle est l'espèce de bail qui prédomine et suivra la règle : *Accessorium sequitur principale.*

[2] MM. Aubry et Rau (t. III, p. 27, notes 1 et 2). Il faut que les meubles soient d'une nature soumise au privilége de l'art. 2102, 1°.

[3] MM. Aubry et Rau (t. III, p. 27).

[4] Doit-on entendre cette restriction d'une manière absolue avec MM. Delvincourt et Duranton ; MM. Aubry et Rau se décident pour établir des restrictions (t. III, p. 27, note 3).

Malgré la faveur dont jouit le bailleur, en vertu de l'art. 2102, ce-lui-ci ne pourrait cependant pas expulser le preneur de sa propre au-torité; le tribunal a seul le droit, après due assignation, de condam-ner le locataire au déguerpissement.

Nous avons dit que le preneur était tenu des réparations locatives : l'art. 1754 les a énumérées sous forme d'exemple, se rapportant, pour celles qu'il aurait omises à l'usage des lieux. Il est inutile de transcrire ici ces différents alinéas; il nous suffira de faire observer qu'en général les dégradations doivent être de nature à provenir de la négligence du preneur, ou à être le résultat de la jouissance légitime consentie par le bail. Remarquons en outre que le locataire n'est pas tenu *viritim* du fait de ses colocataires; lorsqu'il y avait entre eux quelque pièce commune, le bailleur en supporte seul la réparation. La présomp-tion de fraude élevée par la loi, contre le locataire cesse, en effet, sitôt que d'autres ont concouru à endommager les lieux.

La principale obligation du bailleur est, d'après l'art. 1719, de faire jouir le preneur de la chose louée. Ce principe a entraîné des consé-quences qui se trouvent diamétralement opposées au système du Droit romain. L'art. 1761, joint à l'esprit de la loi qui ressort de toutes les dispositions sur le louage, a formellement abrogé la fameuse loi *œde,* l. 3, C. *loc. cond.* (IV, 65)[1] qui autorisait le bailleur propriétaire à ré-silier le bail, quand il déclarait vouloir occuper la maison pour lui-même. Cette latitude répugne à notre législation actuelle. Et le bailleur, pour exercer ce droit, a dû se l'être réservé par une clause spéciale; dans ce cas même, il lui faut encore dénoncer le congé au locataire dans les délais voulus par l'usage des lieux.

Les meubles pris à loyer pour meubler une maison, une boutique, sont censés soumis à un bail égal en durée aux baux ordinaires, d'après les usages du pays[2]. Car le loueur de meubles peut ignorer les con-

---

[1] MM. Aubry et Rau sur *Zachariæ*, t. III, p. 28.

[2] Voy. la première note de ce chapitre.

ventions particulières intervenues entre le bailleur et le preneur de la maison. La tacite reconduction peut aussi avoir lieu en faits de meubles.

Le locataire contre lequel a été prononcée la résiliation du bail, doit à son bailleur, outre le prix du loyer courant, le montant de celui qui serait échu depuis le temps de son départ jusqu'à la nouvelle relocation[1]. Ce montant doit représenter le manque de revenu de la chose, et le tort causé au bailleur.

SECTION DEUXIÈME. — *Des règles particulières aux baux à ferme*[2].

Au nombre des obligations principales imposées par le Code au bailleur d'un fonds de terre, on range celle de livrer au fermier la contenance stipulée au contrat de louage[3]. Du reste, la législation a maintenu en ceci la similitude la plus parfaite entre le contrat de louage et la vente. Dans l'un et l'autre cas, ce sont les mêmes circonstances qui donnent lieu, soit à une perfection de mesure, soit à une augmentation, soit à une diminution proportionnelle dans le prix de fermage. Il y a mieux, la prescription annale de l'action en compensation s'applique au louage aussi bien qu'à la vente.

Les obligations spéciales du preneur ou fermier d'un héritage rural peuvent se rapporter soit au mode de jouissance, soit au payement du prix.

Dans l'énumération des règles communes aux deux espèces de louage, nous avons soigneusement fait ressortir les conséquences de l'art. 1728. Le fermier doit cultiver le fonds en bon père de famille. Il est tenu de ne laisser que les jachères usitées dans le pays; de garnir

[1] Troplong, t. II, art. 1762, n° 621.

[2] Voy. Troplong, t. II, n° 631, sur l'origine du mot *ferme*.

[3] MM. Aubry et Rau, t. III, p. 29. Les art. 1617 et suiv. au titre de la vente, sont applicables au louage pour le complément de bonne mesure, ou les indemnités auxquelles le fermier peut avoir droit (voy. Troplong, t. II, art. 1765, n° 643).

l'étable des bestiaux et ustensiles nécessaires à la bonne exploitation du fonds[1]; il est tenu encore de remettre les récoltes dans les bâtiments que le propriétaire lui a désignés (art. 1767 et 2102)[2].

Faute par le fermier de se conformer à ces prescriptions, le bailleur peut le contraindre à suivre les clauses du bail, ou à demander la résiliation du contrat ainsi que des dommages-intérêts.

A l'expiration du bail, le fermier ne peut enlever les pailles et engrais[3] faits dans l'année. Il importe peu que le fermier en ait reçu l'équivalent à son entrée en jouissance. C'est l'intérêt de l'agriculture, et l'exploitation continue des fonds que la loi a voulu garantir. Il doit également livrer à son successeur les logements dans un état convenable et lui procurer toutes les facilités nécessaires à une prompte exploitation. Le nouvel entrant doit, de son côté, faciliter à son devancier l'enlèvement et la consommation des fourrages et des récoltes encore sur pied.

Si le bail est un colonage partiaire, le preneur souscrit à l'obligation de ne sous-louer ou de ne céder son bail qu'avec l'assentiment du bailleur[4]. Bien que les deux contractants ne forment pas société[5], le bail n'est

---

[1] MM. Aubry et Rau, sur *Zachariæ* (t. III, p. 29, note 2), pensent que «cette «obligation est imposée au fermier plutôt comme garantie d'une bonne culture, «que dans la vue d'assurer le privilége du bailleur. Il en résulte que pour exami-«ner si le fermier a rempli son obligation, il faut examiner, non point si les bes-«tiaux et les ustensiles qu'ils possèdent sont un gage suffisant pour le prix du fer-«mage, mais s'ils correspondent aux besoins de l'exploitation» (Troplong, t. II, art. 1766, n°s 660, 662).

[2] MM. Aubry et Rau, t. III, p. 30.

[3] Les pailles et fumiers étant destinés à l'engrais de la terre, font partie de l'héritage, et, comme dit Coquille, «pour faire valoir le domaine.» Le fermier qui vendrait des pailles s'exposerait à se voir condamné pour avoir changé la destination de l'immeuble (Troplong, t. II, art. 1766, n° 667).

[4] Art. 1763-1764.

[5] Voy. Troplong, t. II, art. 1764, n° 640, et les opinions de MM. Duranton et Duvergier citées par lui.

F   8.

supposé n'avoir été consenti qu'*intuitu personæ*, et le seul fait d'une sous-location clandestine suffirait pour faire résilier le bail de louage partiaire[1]. Le motif que nous venons d'énoncer, ne nous porte cependant pas à croire que la mort du preneur résilie le bail *ipso facto*, car il faudrait admettre dès lors une conséquence impossible, je veux dire que la mort du bailleur aurait sur le bail le même effet[2].

Le prix, nous l'avons dit au début de notre travail, n'est qu'un signe représentatif du produit de l'immeuble. En conséquence de ce principe, nous devons admettre avec le Code que, dans certains cas, le fermier a droit à une réduction dans le montant du canon ou prix de bail. Lorsque par des circonstances fortuites, la grêle, la gelée, une année humide, etc., la moitié au moins des récoltes aura manqué, le propriétaire devra concourir avec le fermier à supporter le poids de la disette, en diminuant le prix du fermage[3]. Cette disposition a surtout été introduite dans l'intérêt de l'agriculture, et pour encourager l'exploitation en grands établissements. Toutefois, si les fléaux que nous venons de citer, étaient, pour ainsi dire, endémiques, c'est-à-dire s'ils se renouvelaient périodiquement, le fermier n'aurait aucun droit à demander une diminution de prix à cause de désastres qu'il a pu et dû prévoir. La base d'appréciation qui sert à constater la perte de la moitié de la récolte, est ordinairement le produit des années communes, joint à la valeur vénale des denrées sur les marchés environnants. Car

---

[1] MM. Aubry et Rau, t. III, p. 33, et note 12.

[2] MM. Aubry et Rau, t. III, p. 33, note 13. Ces auteurs pensent très-judicieusement que l'analogie est loin d'être parfaite entre le colon et le coassocié. MM. Duranton, Duvergier, Delvincourt, Rolland de Villargues, leur paraissent forcer le sens de l'art. 1865, et vouloir faire admettre une exception inutile à l'art. 1742 (voy. Troplong, t. II, art. 1764, nᵒˢ 645 et suiv.).

[3] Cette circonstance ne change pas le caractère aléatoire do contrat de louage. M. Duvergier avait adopté l'opinion opposée. M. Troplong la combat par des arguments tirés de l'équité et de l'intention probable des parties. MM. Aubry et Rau, t. III, p. 30, note 4, arrivent au même résultat par d'autres raisonnements.

le désastre étant général, l'élévation du prix dans les ventes peut compenser et au delà la perte éprouvée par le fermier. Il est, du reste, bien entendu que la moyenne des récoltes d'une année commune, est le résultat de toutes les moyennes obtenues pour les différentes espèces de fruits[1]. Quelle que soit d'ailleurs la perte qu'il éprouve, jamais le fermier ne peut demander la résiliation du bail.

Ce que nous venons de dire s'applique aux baux annuels seulement[2]. Mais si les baux sont contractés pour plusieurs années, et c'est ici la généralité des cas, le Code veut que loin de diviser le bail en autant de contrats partiels qu'il y a d'années, on le considère comme un ensemble, et qu'ainsi, lorsque les années précédentes auront par l'abondance des récoltes, compensé la disette survenue depuis, le fermier n'ait plus de droit à des indemnités. Il convient donc de faire un total du gain des années précédentes, pour en défalquer la perte de l'année qui fait le sujet de la contestation[3].

Ce n'est ainsi qu'à la fin du bail que le fermier peut réclamer une diminution dans le prix total, lorsque le revenu des fruits se trouve, pendant cette période, inférieur à la moyenne ordinaire des années. Le Code, en vue de ce motif, a rejeté à cette époque toutes les indemnités que le fermier pourrait exiger. Il est tenu, jusqu'à ce moment, de payer régulièrement son fermage. Le Code accorde cependant au juge la faculté d'ordonner que le fermier n'acquittera pour l'année qu'une portion du prix de bail, lorsque, du reste, le propriétaire y consent, et que la venue d'une année d'abondance viendra compenser la remise.

La théorie, que nous venons de développer, ne saurait s'appliquer aux cas suivants :

1° Lorsque le dommage est tombé sur des fruits séparés de la terre qui les a produits. La propriété de ces fruits appartient tout entière au

---

[1] Troplong , t. II , n⁰ˢ 718-719.

[2] Art. 1770. Troplong , t. II , 715. Voy. Duranton , t. XVII , 109.

[3] Troplong, t. II , n⁰ 724.

fermier, et il les possède à ses risques et périls. Si le bail est un colonage partiaire, le propriétaire supportera par le fait sa part du dommage, à moins que le fermier ne soit en demeure. Si le prix du bail a été stipulé payable en fruits du fonds, il est évident que le fermier sera libéré par la perte totale de ces fruits.

2° Lorsque la cause du dommage existait à l'époque du contrat et pouvait être connue du preneur.

3° Lorsque le fermier s'est expressément chargé des cas fortuits. Cependant la clause peut s'appliquer dans un sens plus ou moins large; lorsqu'elle porte simplement que le fermier supportera les cas fortuits, la disposition doit s'entendre des cas fortuits ordinaires. Les ravages causés par la guerre, une inondation inattendue, etc., n'y sont pas compris.

Si le fermier a pris à ses risques et périls les cas fortuits prévus ou imprévus, la clause s'étend à la généralité des cas.

La contrainte[1] par corps peut, en général, être stipulée pour le payement des baux à ferme. Le juge peut la prononcer de son autorité, à l'égard des fermiers pour la représentation des cheptels, semences, instruments aratoires, à moins que le fermier ne prouve que le déficit n'est pas le fait de sa négligence (art. **2062**, C. c.).

[1] Voy. Troplong, t. II, n° 319.

DROIT CRIMINEL FRANÇAIS.

DU CONCOURS DES DÉLITS.

Le principe du non-cumul des peines est assez nouveau dans notre jurisprudence criminelle. Sous le régime de l'ancien Droit français, on admettait assez universellement la maxime : *Singula delicta singulas pœnas merentur,* et cette autre : *nunquam delictum ob aliud delictum minuit pœnam.* Cette règle absolue, en thèse générale, recevait cependant exception dans deux cas. 1° Lorsque des délits de même nature provenaient d'un fait unique. Il n'y avait pas, à proprement parler, plusieurs délits; c'était plutôt un fait délictueux ayant produit plusieurs effets. 2° Lorsque la nature des choses s'opposait à ce que l'on pût faire subir au condamné les deux peines qu'il avait encourues. Telle aurait été une double condamnation à mort ou aux galères perpétuelles.

Par sa loi des 16-29 septembre 1791, l'assemblée constituante modifia cette doctrine, en établissant qu'un accusé, condamné pour un fait délictueux, pourrait bien, il est vrai, être recherché pour une infraction commise antérieurement; mais que la preuve de ce nouveau délit n'entraînerait pas pour le coupable une peine nouvelle : toutefois les circonstances ne seraient plus les mêmes, si le châtiment attaché par la loi au second délit était supérieur à la peine primitive. C'était alors la plus forte qui l'emportait, et la peine la plus faible venait se fondre dans la première.

On tira de nouvelles conséquences de ce principe dans l'art. 446 du Code des délits et des peines du 3 brumaire an IV. On n'autorisait de nouvelles poursuites que si le fait recherché était puni d'une peine plus forte que celle infligée à l'accusé. La législation actuelle, restant fidèle à l'esprit des Codes de la révolution, a proclamé le principe du non-cumul des peines en cas de concours des délits.

Il y a concours de délits, lorsque la même personne s'est rendue coupable de plusieurs délits, pour aucun desquels elle n'a subi de punition. Gardons-nous de confondre la récidive et le concours des délits. « La récidive, dit M. Rauter, dans son savant commentaire, est, en gé-« néral, le concours matériel de délits dans la même personne; mais « avec la circonstance que le second ou subséquent délit a été commis « après que le *coupable avait déjà été puni pour le premier délit.* C'est une « rechute après correction. »

« Il y a concours des délits, dit le même auteur, lorsqu'une même « personne a commis plusieurs délits, soit qu'ils portent sur le même « objet, soit qu'ils portent sur des objets différents, mais tous également « restés impunis. »

Dans l'un et l'autre cas les délits concurrents doivent être matériellement distincts entre eux. L'impunité du fait délictueux fait seule la différence entre la récidive et le concours de délits proprement dit. La loi défend donc l'accumulation des peines quand le même individu est reconnu coupable de plusieurs infractions, pour aucunes desquelles il n'a été puni : Le coupable ne peut en outre subir que la peine la plus forte portée par la loi. C'est là ce qu'établissent les art. 365 et 379 du Code d'instruction criminelle. L'art. 379 n'autorise la poursuite de nouveaux délits contre un accusé condamné, que dans le cas où le châtiment qu'il encourrait après condamnation pour le fait de l'acte indéterminé, serait plus grave que celle qu'il subit. D'après le même article, le juge est autorisé à ouvrir une enquête, et à poursuivre le nouveau délit, si ce fait peut amener à la barre des complices non encore condamnés.

On le voit aisément, les deux articles cités ne sont qu'une application du principe général du non-cumul des peines. Aussi la jurisprudence a-t-elle universellement admis que le condamné expie par sa peine tous les châtiments d'une nature moins grave qu'il pourrait avoir encourus pour des infractions à la loi pénale, quelle que soit du reste l'époque où la justice les ait connues, et en ait fait l'objet d'une procédure.

Le même principe trouve encore son application, lorsqu'à raison de circonstances fortuites, différents délits attribués à la même personne ont été découverts, poursuivis et jugés séparément. En effet, si même, à l'insu des juges, une condamnation plus grave absorbait celles qui le sont moins, et rendait impossible leur exécution, le jugement resterait sans effet, et le tribunal serait frappé d'impuissance. Voilà l'écueil que le législateur a voulu éviter. Du reste, ce principe ne s'applique qu'aux peines corporelles : il n'y a nul inconvénient à ce que le coupable soit condamné aux frais de toutes les procédures qui auraient abouti à la constatation de sa culpabilité.

Le principe du non-cumul domine, nous l'avons dit, toute notre législation : il convient donc de l'appliquer devant tous les tribunaux, cour d'assises, tribunaux correctionnels ou de simple police.

En cette matière, il faut s'attacher non à la gravité du délit, mais à l'importance de la peine.

La gravité relative des peines résulte uniquement de la loi elle-même, et d'après les art. 7, 8, 9 et 464 du Code pénal.

Ce n'est pas au cumul des peines principales qu'il faut restreindre le principe; nous devons l'appliquer encore au cumul des peines accessoires attachées aux peines principales. Ainsi le condamné, en subissant la peine la plus forte, ne subira que les accessoires de cette peine; et si, par des condamnations successives il avait déjà accompli les accessoires, il ne devrait subir que la peine principale.

Les applications du principe qui nous occupe ne peuvent s'étendre au delà de notre Code pénal, aux lois promulguées antérieurement à lui, et que ce recueil a laissé subsister. Malgré sa généralité, le principe du non-cumul reçoit plusieurs exceptions, entre autres l'art. 4 de la

F   9

loi de 1807 sur le délit d'usure; il porte : « Tout individu qui sera
« prévenu de se livrer habituellement à l'usure, sera traduit devant le
« tribunal correctionnel, et en cas de conviction, il sera condamné à
« une amende qui ne pourra excéder la moitié des capitaux qu'il aura
« prêtés à usure. S'il est prouvé qu'il y a eu escroquerie, il sera con-
« damné, outre l'amende ci-dessus, à un emprisonnement qui ne
« pourra excéder deux ans. »

L'art. 220 du Code pénal contient une seconde exception à notre
principe. Cet article pose trois cas ou trois hypothèses. Ou bien le condamné se rend coupable de rébellion pendant la durée de sa peine.
C'est un cas de récidive dont je n'ai pas à m'occuper ici. Si, d'autre part,
le délit est commis durant sa détention préventive, et que l'accusé soit
renvoyé absous du fait qui a occasionné sa détention, il n'y a pas non
plus concours de délits. Mais si l'accusé était condamné, le cumul
aurait lieu immédiatement. La loi permet le cumul dans ce cas, pourvu
toutefois qu'il soit possible; c'est-à-dire, pourvu que la peine prónon-
cée contre le premier délit ne soit ni capitale, ni perpétuelle.

Nous trouvons enfin la troisième exception dans l'art. 245 du Code
pénal. La peine encourue par les délits d'évasion, bris de prison ou
tentative de ces infractions, se cumule avec celle édictée par la loi contre
le délit principal. Un art. 4 du décret du 4 mai 1812 ordonnait aussi,
en matière de chasse, le cumul des peines encourues pour avoir
chassé sans permis de port d'armes et celles qui seraient prononcées
pour d'autres délits de même nature que l'on pourrait avoir commis.
Mais la loi du 3 mai 1844 n'a pas maintenu la dérogation introduite
par le décret de 1812. L'art. 17 porté « qu'en cas de conviction de plu-
« sieurs délits prévus par la présente loi, la peine la plus forte sera seule
« prononcée. » Nous sommes donc ramenés aux règles du Droit commun.

Il faut encore voir une quatrième exception à notre principe dans
l'art. 12 de la loi du 9 septembre 1835. Cependant il résulte de cet
article que les peines seules prononcées par les lois antérieures en
matière de presse, sont susceptibles de se cumuler. Si le même indi-

vidu est convaincu d'un délit de presse et d'un délit ordinaire, le principe du non-cumul reprend son autorité. Mais nous ajouterons encore que les faits qui donnent lieu à cette exception doivent être postérieurs à la première poursuite.

Il en est enfin une cinquième dans l'art. 5 de la loi du 4 juillet 1837, répressive de l'emploi des anciennes mesures. L'al. 4 porte que l'amende de 10 fr. édictée pour la peine du délit, sera perçue pour chaque acte ou écriture sous signature privée.

Y aurait-il une dernière exception dans l'application des peines pécuniaires? nous le croyons. Les amendes, en effet, sont de véritables peines, et elles doivent être prononcées cumulativement.

DROIT DES GENS.

DES CONSULS FRANÇAIS EN ORIENT.

I.

GÉNÉRALITÉS.

Les agents consulaires français sont des fonctionnaires nommés par le Roi, agréés le par souverain étranger qui les reçoit[1], et établis dans certains districts, afin d'y protéger les intérêts des négociants français, ceux du commerce et de la navigation en général.

L'établissement des consuls n'est qu'une concession politique basée sur le droit de réciprocité. L'effet principal de cette institution est de

[1] Il y a peu d'années que le gouvernement français a refusé son exéquatur à M. Marliani, consul-général d'Espagne à Paris.

continuer sur une terre étrangère l'autorité du souverain représenté, et de restreindre ainsi la puissance du gouvernement indigène. De cette circonstance naît pour le souverain étranger le droit incontestable de refuser à un agent l'entrée de ses États et l'autorisation d'y résider comme consul.

On s'accorde généralement aujourd'hui à reconnaître aux consuls un caractère diplomatique. Ils jouissent dans de certaines limites des prérogatives des agents politiques, et sont, pour tous leurs actes, sous la sauvegarde du Droit des gens [1].

Les consuls commerciaux, dans les villes où ils sont accrédités, sont les chefs de la nation. Officiers de justice et de l'état civil, ils sont seuls capables de rédiger des actes authentiques valables sur le territoire français.

II.

DES CONSULS D'ORIENT EN PARTICULIER.

Dans les Etats civilisés chrétiens les consuls ne sont ordinairement

[1] De vives controverses se sont élevées à ce sujet. Les consuls sont-ils ministres publics, peuvent-ils prétendre à la protection du Droit des gens? En pratique, on s'accorde à reconnaître aux consuls un caractère officiel et politique, mais en théorie, les docteurs sont encore fort divisés.

L'importance des fonctions consulaires, les relations nombreuses quotidiennes de ces envoyés avec les ministres d'Etat, avec les souverains eux-mêmes, les missions diplomatiques dont ils sont souvent investis, ont décidé la plupart des publicistes à les ranger parmi les ministres publics (voy. Moser, *Essai sur le Droit des gens de l'Eur.*).

D'autre part, de Vattel (t. I, l. 2, § 14, p. 120), Bynckerschœck (*Traité du juge comp.*, ch. 10, 5, p. 63), Flassan (*Hist. de la Dipl.*), Wicquefort (*De l'ambas. et de ses fonctions*, l. 1, sect. 1, 63), Valin, Bouchaud, etc., distinguent profondément les consuls des chargés d'affaires. Ces deux qualités, disent-ils, peuvent se réunir sur la même tête, mais, pour le Droit des gens, elles sont toujours divisées. Tous ces auteurs s'accordent cependant à mettre le consul sous la protection la plus large du Droit des gens. La question a été agitée dans de plus hautes régions encore. Mais les débats de la chambre des pairs (séance du 31 juillet 1844) n'ont pas apporté de solution à ces difficultés.

que des agents commerciaux. Mais on a senti de bonne heure, hors du continent et surtout dans les échelles du Levant, la nécessité d'investir les consuls d'un caractère plus solennel. La protection qu'ils doivent offrir aux nationaux en devenait plus efficace, et le respect du pavillon plus profondément gravé dans l'esprit des Musulmans ou des étrangers.

L'institution des consuls en Orient n'eut pas d'autres causes; la plupart des auteurs, Borel, Pardessus, Miltiz, Ribeiro, dos Santos, Castilho, Barreto, sont d'accord pour assigner l'origine des consulats d'Orient aux prérogatives que les villes marchandes de France et d'Italie obtinrent des souverains croisés[1].

Venise, Gênes, Pise surtout, se firent concéder durant les croisades le privilége de trafiquer dans le Levant. C'était la récompense des secours qu'ils avaient fournis, des transports gratuits qu'ils avaient faits lors des guerres d'Orient. Les juges ou consuls de ces peuples avaient sur des rues, des quartiers même un droit réel de souveraineté[2].

Après la chute des royaumes chrétiens d'Orient, les villes italiennes surent maintenir leurs priviléges. Le soudan d'Égypte, les pachas de Syrie, et plus tard l'empereur turc à Constantinople, signèrent des capitulations avec des peuples dont le trafic enrichissait leurs trésors.

III.

NOMINATION ET PRÉROGATIVES DES CONSULS D'ORIENT.

La France ne fut pas la dernière à établir des consuls dans les États

[1] Charlemagne, dès le neuvième siècle, et après lui, la petite ville d'Amalfi, s'étaient créé avec le Levant de nombreuses relations commerciales. Venise même, disent ses historiens, aurait signé, dès le huitième siècle, des traités de commerce avec les Mahométans (voy. Filiari, cité par Miltin; Navagero, *Storia della republica Veneta*, 1819). Cette opinion demanderait des preuves plus concluantes.

[2] On appelait *fonde*, les édifices ainsi distraits de la juridiction du souverain indigène. Les assises de Jérusalem, celles de Chypre calquées sur les premières, contiennent de nombreuses dispositions à l'égard de ces *fonde*.

mahométans : les capitulations entre les cabinets de Versailles et de la Porte furent fréquentes et avantageuses au commerce français. Il serait inutile d'examiner les phases qu'a subies l'institution des consuls en Orient. L'ordonnance de 1781 résume tous les priviléges accordés dès le seizième siècle : il nous suffira donc d'en développer les dispositions [1].

Les consuls d'Orient sont nommés par le Roi [2], et comme agents diplomatiques ils dépendent du ministère des affaires étrangères [3].

Quoique leurs lettres de provision ne les qualifient pas de *ministres publics*, les consuls en acquièrent cependant tous les avantages par l'étendue de leur autorité, de leurs prérogatives, et surtout par le droit d'exterritorialité le plus parfait. Le titre de *Belios-bey*, que S. H. donne aux consuls dans le *barat* d'investiture, les met presqu'au rang

---

[1] Voici un exemple du cérémonial suivi lors de la réception d'un consul d'Égypte au seizième siècle. « Après l'arrivée du consul français en Égypte, le pacha envoyait à sa rencontre une députation composée des grands du pays et du *Tchaouch*, conduisant des chevaux de prix. Dans son voyage pour se rendre au Caire, le consul marchait précédé de ses huissiers, d'un Récollet, aumônier du consulat, de ses janissaires. Le consul était vêtu d'une soutane appelée *dolman*, ayant par-dessus une veste de drap écarlate, doublée d'une fourrure de prix. Les étrennes du pacha étaient fixées à 700 piastres (Miltiz, t. II, p. 463).

[2] Cet état de choses est assez récent dans l'histoire. Durant les premiers temps de l'institution des consuls, les souverains nommaient rarement ces agents presque subalternes. Ils semblaient se dépouiller de ce droit en faveur des villes ou de certaines corporations. Ainsi, l'empereur Frédéric accorda aux Pisans le droit de nommer des consuls dans tout l'empire, art. 1075. (*Codin. Curopol. de mens. imp.*, ch. 7, n° 7, cité par Borel et Warden). Le seigneur de Tyr en 1187, et le comte de Savoie en 1226, accordèrent à Marseille la prérogative de nommer des consuls dans leurs États. Ce ne fut qu'en 1534 que les rois de France ressaisirent le pouvoir exclusif de nommer des consuls en Orient. Ce droit fut maintenu en 1604 par les capitulations échangées entre Henri IV et Ahmed Ier. Il a été souvent confirmé depuis.

[3] Les consuls du Levant et de Barbarie ressortissaient encore, il y a peu d'années, au ministère de l'intérieur. Et l'Angletere soumet ses agents dans les échelles au ministère de la marine.

des ambassadeurs [1] ; ils sont complétement assimilés à ces fonctionnaires pour l'inviolabilité de leurs personnes.

Les consuls sont seuls, en Orient, chargés de maintenir l'exacte observance des traités et capitulations. Ils peuvent, à cet égard, échanger,
avec le gouvernement local, des notes officielles, faire des représenta-
tions, signer même un ultimatum lorsqu'ils en ont reçu l'ordre, soit
de l'ambassadeur français à Constantinople, soit même de leur cabinet,
avec lequel ils correspondent directement (ord. de 1781, art. 12, 13
et suiv.).

Le droit d'asile est une des plus belles prérogatives des consulats chrétiens d'Orient. Louis XII et François Ier furent les premiers rois français
qui stipulèrent la franchise et l'immunité du quartier consulaire. Avant
eux, les Vénitiens, Gênes et Pise avaient obtenu de semblables priviléges [2]. La faiblesse des gouvernements orientaux et l'habileté des consuls ont donné à ce droit d'asile une extension que jamais les ministres
plénipotentiaires n'ont pu obtenir pour leurs hôtels [3]. Je veux dire le
droit de soustraire à la juridiction locale le quartier consulaire.

La différence des religions et le fanatisme musulman ont empêché
longtemps les chrétiens d'élever dans leur quartier une église de leur
culte. Les consuls obtinrent le droit de bâtir des chapelles dans l'en-
ceinte de leur hôtel, et d'y célébrer solennellement leurs cérémonies
religieuses. Une capitulation de 1528 entre François Ier et le soudan
d'Égypte permet aux Français « d'accoutrer, comme ils l'entendent,
« leur Église consulaire située en Alexandrie, et les lieux destinés à en-
« terrer leurs personnes [4]. »

[1] Martens, *Précis du Droit des gens mod.* L. 4, ch. 3, § 148. — Voy. les discussions de la presse en juillet et août 1844, concernant les consuls et spécialement
le consul anglais à Alger.

[2] Voy. *Dandolo, Chron. venet.*, cité par Muratori. *Script. rer. ital.*, t. XII, et
Miltiz, t. II, p. 19.

[3] Les ministres plénipotentiaires envoyés à Francfort lors de l'élection de l'empereur d'Allemagne, prétendaient au droit de gouverner leur quartier.

[4] Miltiz, l. 2, ch. 2, sect. 2, p. 429.

L'ordonnance de 1781 a réglé complétement tout ce qui tient au culte consulaire, à la condition des aumôniers et moines attachés à la chapelle. Leurs droits, leurs devoirs sont nettement tracés aux art. 137 et 147 de l'ordonnance. Mais les consuls doivent veiller avec le plus grand soin à ce que l'exercice du culte chrétien ne gêne pas celui des Musulmans, à ce que les cérémonies publiques ne contreviennent pas aux lois du Coran, et ne soient pas faites dans le but de braver la religion dominante (instruction du ministre aux consuls d'Orient).

Un arrêt du conseil des prises a, sur les conclusions de M. Portalis, décidé que les consuls étaient, en Orient, aussi bien juges qu'agents politiques de leur nation. Sous ce dernier rapport, les ordonnances de 1781 et du 26 octobre 1833 ont donné aux consuls une série d'attributions qui vont nous occuper.

En première ligne, le consul, chef de sa nation, a le droit de convoquer et de présider l'assemblée des notables de son district; d'y proposer des mesures d'intérêt général; il peut communiquer à ses administrés les nouvelles commerciales, les arrivées de bâtiments, les accords, les traités de commerce conclus par son gouvernement, lorsqu'il le pense utile au commerce français[1].

La plupart des nations européennes donnent à leurs consuls-généraux, et même à leurs agents consulaires, le droit de choisir un vice-consul parmi les notables du district. Cette prérogative se réduit cependant à un droit de proposition. Les consuls généraux de Russie, ceux d'Espagne (ordonn. du 29 août 1833), de Prusse, des Pays-Bas, de Portugal, d'Angleterre, jouissent de ce droit sans aucun conteste[2]. La France avait longtemps suivi cette méthode; mais l'ordonnance du 26 octobre 1833 a changé les attributions des vice-consuls et déplacé le droit de proposition et de nomination.

[1] Pardessus, t. V, p. 181 et suiv.

[2] Les Etats-Unis permettent à leurs consuls de *nommer* des vice-consuls, en avertissant par une simple note leur légation ou leur gouvernement (Dos Santos, t. I, § 7).

Parmi les attributions les plus essentielles du consul, juge de sa nation, les auteurs rangent le droit d'exercer la police judiciaire et administrative dans toute l'étendue de son district. Ainsi, le consul doit obliger ses compatriotes à la stricte observance des lois de la mère-patrie; son attention doit s'appliquer à l'instruction, à la répression des délits et des crimes, d'après les limites de l'autorité dont il est revêtu.

Le consul exerce, à l'égard des nationaux, le rôle et les fonctions de l'officier de police, en ce sens qu'il poursuit l'instruction des délits et contraventions. Les coupables sont justiciables de son tribunal, lorsqu'ils ont encouru des peines de simple police; nous verrons que le consul est lui-même appelé à présider le tribunal correctionnel consulaire.

Nous examinerons de plus près encore les devoirs des consuls, en présence des infractions faites aux lois du pays; ils représentent ordinairement dans leur district l'ordre judiciaire français; ils en ont toute l'autorité. Il y a plus, dans le cas où un acte coupable serait de nature à troubler la paix, les bons rapports entre les deux nations, dans le cas surtout de récidive, le consul pourrait prononcer l'exclusion du coupable des limites du district et le faire embarquer pour la France.

IV.

DES DEVOIRS DES CONSULS.

Le premier et le plus important des devoirs d'un consul est d'obtenir, aussitôt après sa nomination, l'*exequatur* nécessaire à l'exercice de ses fonctions.

Comme agents politiques, les consuls d'Orient, avons-nous dit, sont soumis à l'ambassadeur français à Constantinople. « Une des obligations les plus grandes, dit Borel [1], et des plus nettement articulées des consuls en Turquie, est d'obéir aux ordres de leur ambassadeur à Constan-

[1] *Des consuls*, p. 42.

tinople, et de seconder de tout leur pouvoir les intentions de leur souverain. » Après la réception de son *barat* d'investiture, le consul devra solliciter une audience d'introduction auprès du pacha.

Précédé de son drogman et suivi du corps de sa nation, le consul se rendra au *seraï* du gouverneur (ordon. de 1781, art. 147 et suiv.). Les prérogatives de son rang et le maintien des préséances dues à sa personne, ainsi qu'aux gens de sa suite, devront vivement préoccuper le consul : car, bien que l'oubli du cérémonial ait moins de portée à l'égard d'un agent inférieur, l'esprit d'antipathie professé par les musulmans contre les chrétiens, s'emparerait avidement de cette circonstance pour rabaisser la dignité consulaire et nationale.

Il est, d'autre part, du devoir du consul, et d'une politique sainement entendue, de déférer autant que possible aux désirs des pachas. Les consuls leur feront des visites lorsqu'ils en seront priés; l'offre de quelques présents, en un mot, les politesses d'estime et de déférences faciliteront toujours avec les gouverneurs des rapports indispensables et journaliers.

Les agents consulaires en Orient mettent au nombre de leurs plus intéressants devoirs, les travaux imposés par les besoins du commerce et de la statistique.

Le gouvernement français et la chambre de commerce de Marseille ont toujours attaché la plus grande importance aux documents envoyés par les consuls. S'informer des plantes, des denrées qui croissent dans le pays qu'ils habitent, les moyens de les acclimater en France; les procédés de fabrication, lorsque l'industrie nationale peut en retirer quelque profit. Telle est l'esquisse des recherches qui doivent préoccuper les consuls. Le caractère diplomatique dont ils sont revêtus, les priviléges dont ils jouissent, leur facilitent beaucoup ce travail.

Les consuls dressent les états de navigation, constatent les mouvements du port qu'ils habitent, établissent la balance commerciale des négociants français avec la mère-patrie ou avec d'autres nations. Il serait trop long de mentionner encore un grand nombre de cas qui font naître de nouveaux devoirs. La tâche serait même impossible en présence de la variété des circonstances où les consuls se voient obligés d'intervenir.

Les capitaines, en surgissant au port, sont tenus de se présenter au consulat, pour y déposer leur journal de bord et y faire les rapports nécessaires. Les consuls peuvent se rendre à bord de leurs bâtiments, interroger les officiers et les matelots. Ils doivent veiller avec la plus grande attention à la santé du port, afin d'avertir le gouvernement des cas de perte qui pourraient éclater.

Aux consuls appartient encore le soin de sauver les navires et les équipages naufragés. Dès les premières capitulations, il avait été stipulé que les gouverneurs musulmans abandonneraient les droits d'épaves et permettraient aux consuls de mettre les marchandises en sûreté dans leur hôtel. Depuis cette époque, d'énormes changements sont survenus dans les relations nationales, et quoique l'on ne puisse rien tracer de bien précis à cet égard : « Le consul devra donner tous « ses soins pour faire retirer et conserver ce qui aura échappé au nau- « frage (art. 41), pourvoir à la subsistance des équipages, leur donner « les sommes nécessaires pour se rétablir, etc. » (art. 43, ordonn. de « 1781).

L'importance des actes consulaires, et la gravité des affaires que les agents ont souvent à résoudre, nécessitent dans le consulat un établissement où puissent être déposées les minutes des actes, les notes officielles échangées. Ce bureau a pris le nom de *chancellerie consulaire*. La conservation des documents dans ces greffes est de la plus grande importance pour mettre à couvert la responsabilité du consul, et pour servir à éclairer la conduite de ses successeurs. Un employé spécial est toujours, sous le nom de chancelier, mis à la tête de cet établissement.

Il ne faut que cette esquisse bien rapide des qualités et des devoirs qu'imposent la dignité consulaire, pour apprécier la valeur des paroles par lesquelles le prince de Talleyrand relevait devant la chambre des

F   10.

pairs les qualités du comte de Reichardt (2 mars 1838). « Après avoir
« été ministre habile, que de choses il faut encore pour être bon con-
« sul. Car les attributions d'un consul sont variées à l'infini : elles sont
« d'un genre tout différent de celles des autres employés des affaires
« étrangères. Elles exigent une foule de connaissances pratiques pour
« lesquelles une éducation spéciale est nécessaire. Les consuls sont dans
« le cas d'exercer envers leurs compatriotes les fonctions de juges, d'ar-
« bitres, de conciliateurs ; souvent ils sont officiers de l'état civil ; ils
« remplissent l'emploi des notaires, quelquefois celui d'administrateur
« de la marine. Ils surveillent et constatent l'état sanitaire. Ce sont eux
« qui, par les relations habituelles du commerce, peuvent donner une
« juste idée de la navigation, de l'industrie particulière aux pays où
« ils résident. »

Après cette énumération des qualités consulaires faite par un diplo-
mate si consommé, nous ne saurions rien ajouter qui puisse donner
une plus haute idée de ce ministère.

V.

DE LA JURIDICTION CONSULAIRE.

Au premier rang des fonctions consulaires il faut ranger les attributions judiciaires données aux agents politiques d'Orient. Cette juridiction est fort ancienne et remonte à l'époque même des premiers traités.
Les cités italiennes, Venise, Gênes, obtinrent les premières conces-
sions de ce genre dès le douzième siècle. Dans un traité qu'en 1190
Marseille signa avec Guy de Lusignan, le consul français à Saint-Jean-
d'Acre fut investi du pouvoir de juger ses nationaux. En 1226, Thomas,
roi de Jérusalem, accorda le même avantage à tous les agents français
de la Syrie, ne réservant à ses tribunaux que la connaissance du sang
et de l'homicide[1].

---

[1] Pouqueville, *Mém. hist. et diplom.*, p. 537-540. Voy. *Archives de Marseille*,
citées par Bovel. D. Vaissette, *Hist. du Languedoc*, t. II, p. 452. Ruffi, *Hist. de
Marseille*, citée par Castilho Barreto, t. II.

Les Français, dans leurs relations diplomatiques avec les Ottomans, successeurs des royaumes chrétiens, surent habilement conserver les priviléges qu'ils avaient obtenus de la reconnaissance de leurs frères. Et plus que tous les monarques de l'Europe, les rois de France se sont montrés jaloux de conserver et d'étendre leur puissance et leurs prérogatives dans des lieux si éloignés de leurs États. Ils établirent sur de fortes bases le principe que la capacité personnelle du sujet français le suit en tous lieux, et dans la pensée que l'habitude de la procédure et la perfection des lois françaises, autant que les immunités dont jouissait le pavillon, engageraient les nationaux à n'adopter que les lois françaises; l'édit de 1778 a défendu à tout Français, sous peine de 1500 livres d'amende, de comparaître devant d'autres juges que le consul de son district (art. 2).

Les attributions consulaires résument tout le système judiciaire de la mère-patrie; mais l'ordonnance de 1781 les avait laissées vagues et indécises. La loi du mois de mai 1836 en a plus nettement dessiné les divisions, en assimilant la procédure consulaire à celle que suivent nos tribunaux français.

Les consuls remplissent tour à tour les fonctions :

De procureur du roi, pour tout ce qui concerne la poursuite et l'instruction des crimes, la connaissance des délits commis dans leurs districts et constatés par un de leurs agents subalternes ou même par des nationaux; les consuls devront, sous ce rapport, se conformer au Code d'instruction criminelle (art. 22 à 49).

Les consuls devront aussi réunir toutes les pièces qui peuvent concerner l'instruction d'un crime, qualifié par les art. 1, 6, 7, 8 du Code pénal, et soumettre la procédure au procureur général près la Cour royale d'Aix, seule compétente en ces matières (art. 133 du C. d'inst. crim. cbn. avec les art. 1, 4, 5, 6, 7, 64, 67, loi de mai 1836).

De juge d'instruction. Le consul a, sous ce rapport, les mêmes devoirs à remplir. Toutefois les rapports qu'il dresse, les mandats d'amener ou d'arrêt qu'il lance; en un mot, les actes qui servent à l'instruction du délit, doivent suivre les prescriptions des art. 55 à 127 du Code d'instruction criminelle et les lois y attachent les mêmes effets (art. 18 à 33, loi de mai 1836).

Nous avons dans notre troisième chapitre énuméré les droits et les devoirs des consuls en matière de police administrative. Le consul réunit aux deux fonctions précédentes celle de *juge de paix* en matière de simple police; le chancelier remplit les fonctions du ministère public, et les jugements prononcés dans les limites de la compétence des juges de paix sont sans appel (art. 41).

Le consul est, en quatrième lieu, revêtu des fonctions de *président du tribunal consulaire*. Sa compétence est en tous points celle que le Code civil et le Code pénal et d'instruction criminelle ont tracée à ce magistrat.

Le tribunal consulaire, présidé par le consul et composé de deux notables, se réunit en chambre du conseil pour décider la nature de l'infraction (loi de 1836, art. 37, 38, 39, 41; C. d'inst. crim., art. 127 à 136). Le même tribunal connaît des délits correctionnels (art. 52), et les jugements qu'il prononce sont susceptibles d'appel à la Cour royale d'Aix, soit de la part des parties, soit par le procureur général près cette cour, sans cependant outrepasser les délais légaux (loi de 1836, art. 55; C. de pr., art. 76 cbn. avec 443).

Il serait inutile d'ajouter que les consuls sont arbitres nés des contestations commerciales qui pourraient s'élever entre les nationaux. Ces devoirs ont été énumérés dans le quatrième chapitre cité précédemment.

VI.

DU PERSONNEL DES CONSULATS.

L'étendue des districts, la variété des fonctions du pouvoir consulaire, les difficultés que présentent l'idiome et les lois du pays, ont nécessité près des consulats un nombreux personnel, classé selon une hiérarchie bien déterminée.

Au-dessous des ambassadeurs du roi se placent les consuls généraux, dont l'autorité embrasse plusieurs districts consulaires. Agents purement politiques, chargés de faciliter les rapports des consuls avec les ambassadeurs, les consuls généraux doivent diriger la conduite des consuls dans les occasions difficiles, pour les rapports diplomatiques que ces agents entretiennent avec le gouvernement local. Bien qu'à un degré inférieur de l'échelle hiérarchique, les consuls correspondent directement avec le cabinet français, et sous le couvert du consulat général avec l'ambassadeur du Roi. Des circonstances extraordinaires peuvent soustraire le consul à l'autorité immédiate du consul général ; mais ordinairement c'est de ce chef qu'il reçoit ses instructions, c'est à ce chef qu'il rend compte de ses opérations et de l'état du district.

En sous-ordre, les vice-consuls sont chargés de faire dans leur arrondissement exécuter les lois françaises, les arrêtés des consuls et des consuls généraux. L'ordonnance de 1833 les assimile à de simples commis. Le commerce ne leur est pas interdit, et la même personne peut être vice-consul de plusieurs nations chrétiennes.

Les élèves-consuls avaient autrefois une position fixe. Un règlement déterminait l'âge et les conditions nécessaires pour occuper ce poste, et une école spéciale initiait ces jeunes gens aux fonctions si épineuses du consulat. Aujourd'hui ces institutions ont disparu, et les attributions de l'élève-consul sont rentrées dans le vague que la restauration avait cherché à dissiper. D'ordinaire, les élèves-consuls sont chargés des intérim à faire dans le consulat, du travail de chancellerie ; ils sont les secrétaires du consul, gèrent le district en cas de décès du titulaire jusqu'à l'arrivée du nouvel agent, etc.

A côté des consuls, et sous leurs yeux, les chanceliers coordonnent les archives. Ces fonctions sont d'ordinaire conférées à un drogman ; mais d'après l'ordonnance de 1781 (art. 106-128), c'est le consul qui nomme à ces fonctions sans en référer à une autorité supérieure. Les actes de chancellerie sont contenus dans cinq registres cotés et paraphés ; ils contiennent les contrats, les procès-verbaux d'assemblée, les ordonnances du Roi qui intéressent le district, les dépôts remis en chancellerie, etc.

Viennent enfin les employés les plus indispensables des consulats d'Orient, les drogmans ou interprètes jurés, chargés de traduire les pièces authentiques, d'affirmer la vérité et la sincérité des traductions, de transmettre au consul les paroles prononcées en langue étrangère, etc. Ces officiers consulaires sont nommés par l'ambassadeur du Roi, à Constantinople, après un examen subi devant deux des secrétaires interprètes de l'ambassade.

Nous regrettons que les bornes imposées à ce travail ne nous permettent pas d'examiner plus à fond un sujet qui doit nous intéresser d'autant plus vivement que la France a toujours été distinguée des autres peuples dans ses relations avec l'Empire turc, et que sa législation sur cette matière a été l'envie et le modèle des gouvernements étrangers.

FIN.

www.ingramcontent.com/pod-product-compliance
Ingram Content Group UK Ltd.
Pitfield, Milton Keynes, MK11 3LW, UK
UKHW022300120726
13694UKWH00003B/1162